別冊 淡海《おうみ》文庫 23

サンライズ出版

千《ち》城《ぎ》 央《ひさし》 著

近江にいた弥生の大《おお》倭《いち》王《おう》

水穂伝来から邪馬台国まで

はじめに

古代歴史における時代区分が揺れています。その一つは縄文・弥生・古墳という大きなくくりに関するもので、物差しとして不適当ではないかと思うことさえあります。例えば岩手県の歴史をみると、西日本や東日本が古墳時代であったとき、続縄文・弥生・古墳の遺物が同年代に同居しているのですが、混合時代というのも奇妙であり、何時代といえばよいのでしょうか。

また、関東北部の水田稲作の導入は、東北よりも遅れて到達しますが、それまでの関東地方を何時代といえばよいのか迷います。しかも、全てのものが西から東へ、東から北へと動くわけでもありません。青森県が発祥地とみられる縄文時代の亀ヶ岡《かめがおか》式土器は、南下して近畿地方にまで影響が及んでいます。

そもそも、続縄文という定義も不可思議なものである上に、弥生がいつから始まるのか、時代の名称を土器に置くのか、あるいは水田稲作に置くのか、今でも論議は続いているのです。また、弥生の周溝墓や墳丘墓も古墳の一つだから、古墳時代に早期を設けるべきであるとの主張もあります。

縄文と弥生の違いはいうまでもなく土器様式に違いがあり、古墳はその名のとおり古墳造りが始まったからというのですが、土器で区分してきたものがなぜ墳墓に転換したのか、十分なさ説明のないまま既定路線がまかり通っているのです。

もう一度振り返ってみますと、約一万年間続いた縄文時代にあって、後期になると寒冷な気候にも耐え得る穀物のムギやリクトウ（熱帯ジャポニカ種の畑作イネで陸穂《おかぼ》ともいう）の粗放的穀物栽培が導入され、従前の狩猟・漁労・採集中心の食糧確保を補填することにより、食生活の安定化に寄与したとみられます。

その場合、ムギの原産地は乾燥ステップの中央アジア方面から、リクトウの原産地は焼き畑農業の東南アジア方面から、中国を経由して日本列島に入ってきましたが、生活文化面からみればこの変化も相当なものです。こうした文化の変化は、なぜ縄文時代で一くくりにされてしまうのでしょうか。

ともあれ、古代の日本列島には至る所に豊かな森林が広がり、広大な海には海の幸が、山には山の幸がありました。しかし、人口の増加に見合った確実な食糧の確保が必要となり、穀物や果実の栽培が導入されます。例えば、福井県の鳥浜貝塚（若狭町）は縄文前期を中心とする集落ですが、ヒョウタン・リョクトウ・エゴマ・ゴボウ・アサがあり、青森県の三内丸《さんないまる》山《やま》（青森市）ではクリの木の栽培がみられるなど、既にその兆候が出ていました。

縄文後期になりますと、各地の遺跡からプラントオパール（イネ科植物の穀物に含まれる特有のケイ酸体）が見つかったことに伴い、リクトウの粗放的な栽培が明らかとなります。また、縄文晩期から弥生早期にかけて、北九州でスイトウ（温帯ジャポニカ種の水田作イネで水穂《みずほ》ともいう）栽培の導入があり、弥生前期から中期にかけて全国的な普及がみられました。

穀物栽培地の拡大により、森林面積が大幅に減少したことは当然ですが、そのことによって海の幸・山の幸が減少するのは自然の摂理です。しかも、それなりの自然環境異変が伴うことも避けられず、狩猟・漁労・採集の民と農耕民との間で時には争いが起きたことでしょう。

また、縄文時代から続く石器文化に代わり、弥生前期末頃に銅・鉄の金属文化が登場し、中期末以降になると威信財・武器・道具・通貨代用品などとして、金属が使用されるようになります。

その金属と交換されたのが、貝類・珊瑚・真珠・玉類でした。これらは上流層が用いる単なる装飾品ではなく、権威・権力の拠り所となる威信財、あるいはシャーマン（司祭者）の呪具として用いられます。ところが、金属鉱床や玉石材は自然再生が利きませんから、その獲得をめぐって争いが起きます。貴重品であればあるほど、争いは一層激しくなりました。

北九州は多くの新しい文化を大陸から受け入れる窓口となってきましたが、同時に紛争や戦いといった負の文化も導入され、勝ち残るために地域集団から小国家へ、小国家から連合国家へと組織再編が始まります。そうした時代の変化は、弥生中期から後期にかけて近畿地方に到達しました。

近畿地方が魅力的なのは水田稲作の適地が広くあって、金属鉱床や玉石材に恵まれているというだけではありません。広大な東日本、ひいては北日本に進出するための拠点地域として重要だということ、中でも琵琶湖の存在は桁違いに大きなものがあります。

日本列島のほぼ中央にあって、本州の主要な陸路がここで交差していること、しかも瀬戸内海と琵琶湖は河川で結ばれているのです。海洋国家であるわが国にあって、水運の要衝地としての地勢条件は突出していました。琵琶湖から流れ出る河川が若狭湾や伊勢湾であったなら、歴史は変わっていたでしょう。

倭国統一に至る争いの歴史は、記紀神話にも残されています。ただし、八世紀の奈良時代の知識人は、弥生期の祖先の争いを祖先神となった神々の争いとして描写しました。したがって、ここに登場する神々とは、普遍的な価値観に基づく信仰の対象というわけではなく、時々に応じて協力しあるいは対立して戦うというシャーマン的な姿になっています。

記紀神話が書かれた頃の東北地方には、ヤマト朝廷の支配に抵抗し続けたエミシと称される人々がいます。彼らの中心勢力にいたのが山師と鍛冶師で、西日本から移住してきたことは明らかなのですが、そのルーツを四〇〇年ほど遡らせてみますと、東北地方↓関東地方↓中部地方↓近畿地方へとたどり着くのです。

彼らはヤマト朝廷に従わない民と一般的にいわれていますが、当時の争いはヤマト朝廷対エミシという単純な構図ではありません。エミシの部族間にも激しい争いがあり、劣勢になった部族は朝廷に訴えて助勢を求めることもありました。その主たる原因は豊かな金属鉱床と水晶を中心とする玉石材の先占競争にあり、中でも黄金の獲得に奔走する争いには異常なものが感じられます。

時代区分に関するもう一つの揺れは、いわゆる邪馬台国論争に関するものです。邪馬台国の所在地論争については江戸時代から盛んに行われ、今や南は沖縄から北は関東まで候補地があって六〇カ所にもなり、無いのが東北・北海道だけという倭国大乱の様相を呈した激戦で、エジプト・インドネシア・フィリピンといった海外説まで提唱されました。

弥生後期から古墳前期にかけての倭国の歴史を知る上で、これほど優れた題材はないとみれば、説が増えて論争が活発化することは歓迎すべき現象でしょう。ところが、一部の考古学者にあっては、論争を有利な方向に導くため、発掘した出土物の年代区分を意図的に遡らせているのではないか、との疑いが持たれる事態となっています。仮にそれが事実だとすれば、かつて東北地方で起きた旧石器捏造事件の二の舞となり、科学としての考古学を自ら放棄することになりかねません。

伏魔殿的考古学から発生した捏造を避ける手法とすれば、考古学者が自らを律することはもちろんですが、大事なことは邪馬台国の所在地にあるわけではなく、全体的な弥生時代の解明にあります。当時の生産活動・交易交流・森林資源・威信財・気象状況など多分野からのアプローチがあれば、自ずと所在地も浮き彫りになるはずです。

ともあれ、邪馬台国は卑弥呼以前から続く国であって、当時の倭国大乱は朝鮮半島における動乱によるほか、倭国内における玉石・金属・森林の先占をめぐる争いがあるとみられ、今日の資源エネルギーに係わる国際的な争いの構図とそれほど変わってはいません。琵琶湖のある近江がいかに交通条件に恵まれていたとしても、エネルギー確保のため長年にわたる大量の森林伐採があれば、弥生の都が放棄されるのは当然のことでしょう。このことを念頭に、弥生時代を再考していただく端緒となれば幸いです。

目次

第三章　弥生中期（前四〇〇～紀元年頃）

第四章　弥生後期（紀元～二〇〇年頃）

第一章

縄文晩期～弥生早期

（前一〇〇〇～前八〇〇年頃）

滋賀県米原市鳥脇の幔幕に施された八咫烏《ヤタガラス》の紋（鳥脇区蔵）

一　大陸の情勢

殷の子安貝と亀甲

紀元前一六〇〇年頃、山東半島付近にいた殷人《いんじん》の天乙《てんいつ》（湯王《とうおう》）が、中国華北地方に住んでいた部族の小国家を連合国家にまとめ、商《しょう》の国を建てました。

この国では青銅器の活用、塩の生産、通貨の導入、農地の拡大、連合国家の拡大を行うとともに、シルクロードによる東西交易、西太平洋沿岸の南北交易を盛んにし、大いに繁栄した世界的な国家です。ただし、商は連合国家であったため、巡行するように都を転々と変えました（亳《はく》→囂《こう》→相《そう》→耿《こう》→庇《ひ》→奄《えん》→商《しょう》）。これらの都は、黄河下流域にあった小国家の拠点都市です。

小国家を連合して大きな国家に統一する図式は、倭国の統一と軌を一にするものですが、世界最古の通貨として子安貝《こやすがい》（宝貝）を用いたことに伴い、倭国との交易が活発に行われたとみて差し支えないでしょう。

漢字の「財」や「貨」という字に貝が付くのはその証です。子安貝の産地は沖縄諸島やベトナムですから、商の国内産品ではありません。子安貝の通貨は、海で採ったものをそのまま流通させていたのではなく、貝殻にきちんと穴を開けたもの、つまり一定の加工を施したものでした。

中国では春秋時代の紀元前七七〇年から、青銅の通貨を導入していますが、子安貝の流通を廃止したわけではなく、並行利用が認められていました。竹取物語ではありませんが、子安貝を珍重する風習はその後も続いていたとみられますから、弥生時代以降にみられる南海産の真珠・珊瑚・ゴホウラ貝などの交易には、子安貝を扱っていた縄文後期からの下地があったと考えられます。

倭国との交易を盛んに行っていたと考えられるもう一つの産品が亀甲《きっこう》です。商では吉凶の判断を神に求めるとき、卜骨《ぼっこつ》と亀卜《きぼく》を行っていたことは周知のとおりです。卜骨とはシカ・イノシシ・ウシの肩甲骨で占うこと、亀卜とは亀甲で占うことですが、骨や甲羅に穴を開けて火で熱し、できたひび割れを象形文字（甲骨文字）にみたてて神の託宣を得るものでした。

清《しん》の末期である一八九九年に山東省で義和団運動が起きたとき、三千年を経た殷墟《いんきょ》（河南省安陽県）から、中国最古の文字を書いた甲骨が初めて発掘され、一九一一年の辛亥《しんがい》革命のとき、日本に亡命した二人の中国人学者（羅振玉《らしんぎょく》・王国維《おうこくい》）によって解読されました。甲骨文字は後に漢字へと発展していきます。

日本でも弥生時代の数多くの遺跡から卜骨が出土しており、中でも弥生の博物館といわれる鳥取県の青谷上寺池《あおやかみじち》（鳥取市）は弥生中期（前三世紀）から弥生終末期（三世紀半ば）にかけての集落遺跡ですが、二二七点という多量の卜骨が出土しました。

亀卜に必要な亀甲の主要な産地は、子安貝と同じ南海産ですから、二つの南海産品が北九州の海人《かいじん》により、商に運ばれていた可能性は高いとみられます。

商と倭国の交易

子安貝と亀甲の採集・加工・交易に、海人である倭人が関与していたことは間違いないでしょう。ただし、今の日本ではこの頃の倭人を縄文時代の海人と名付けていますが、倭人族に属する人々は南シナ海・東シナ海・黄海・渤海に面した大陸沿岸と多くの島々に住み、漁労と海洋交易によって暮らしていた大きな種族ですから、縄文人という日本列島規模の物差しでみるのは適切ではありません。歴史書に記された殷人の生活習慣や出土した遺物からみて、彼らもまた倭人族の一派であったとみられています。

北九州にいた海人も当然のことながら倭人族の一派ですが、通貨である子安貝を持ち込んでくる倭人を、商王朝が高く評価するのは当然のことで、その後に続く周王朝以下にあっても、特別視していたことが窺われます。漢《かん》や魏《ぎ》・呉《ご》・蜀《しょく》の三国時代であれば、南海の産物を運んでくる倭人の国が、琉球列島の辺りにある島国と思い込んでいたとしても不思議ではないでしょう。なお、新潟県糸魚川《いといがわ》市などの日本産ヒスイは、縄文時代から流通しているのですが、青玉や白玉を好んだ商にあっても、ヒスイが運ばれた形跡は今のところ見つかっていません。

次にスイトウ栽培の伝播を頼りに、子安貝の交易ルートを探ってみることにしましょう。北九州と沖縄間の交易ルートは、九州西海岸回りと東海岸回りの二ルートがあり、万が一船が流されても沿岸に着くよう季節風の向きを選びながら、南下と北上を繰り返していたと想定されます。南海諸島に石器や漁具を持ち込み、子安貝などの貝殻類・真珠・珊瑚などと交換して九州に戻り、加工を施したものを船に積んで壱岐→対馬→巨斉島に運びます。ここから先は現地の倭人が朝鮮の南西部→中西部へと島伝いに沿岸を北上し、そこから対岸の山東半島を目指して黄海を渡ったのでしょう。この帰り船で、スイトウ栽培に熟達した農民を連れてきた可能性が一つ考えられます。

前一〇二七年周《しゅう》（後世にいう西周《せいしゅう》）によって商が滅ぼされたとき、周は各地域を分割して諸侯（燕《えん》・晋《しん》・邢《けい》・斉《せい》・秦《しん》・申《しん》・衛《えい》・曹《そう》・魯《ろ》・莒《きょ》・杞《き》・邾《ちゅう》・宋《そう》・滕《とう》・薛《せつ》・虢《かく》・鄭《てい》・許《きょ》・陳《ちん》・蔡《さい》）を封じました。山東半島方面は周の軍師であった太公望呂尚《りょしょう》の所領となり、彼は斉王となりました。

こうした統治改革を殷周革命というのですが、これに伴って中国大陸の大方は、商時代の小規模国家を幾つか統合した中規模国家となります。小国家のなごりは、山東半島と長江の間の大デルタ地帯にある泗上《しじょう》（山東省南部・江蘇省）という地方に残すだけとなります。

商の都があった所は略奪を受け、多くの都市住民は新支配者によって各地に移住を命じられ、新たな労働力として利用されました。この混乱に伴って一部の者が朝鮮半島や九州に逃亡し、スイトウ栽培を伝えた可能性がもう一つ考えられます。

青銅器文化の興隆

青銅器文化は、銅・錫《すず》・鉛・亜鉛の鉱山に恵まれた中国の長江流域で始まりました。その下流域にあった良渚《りょうしょ》文化（前三五〇〇〜前二〇〇〇年）では、鼎《かなえ》・豆《とう》（蓋《ふた》と脚《あし》のある器）・壷《つぼ》の三種の銅器が製作されています。

これを受け継いだ商は、長江中流の北岸に直轄都市である盤龍城《ばんりゅうじょう》（湖北省武漢市）を築き、青銅器製作の拠点としていました。いわば飛び地の植民地的な都市ですが、ここでは青銅器ばかりでなく、製錬の工程で生ずるガラスの加工も行われています。商代に作られた青銅器の銅成分を調べたところ、雲南省東部産のものが含まれているという驚くべき結果も出ているのです。

中国における軟玉や硬玉の加工あるいは金属加工が、ときの王や皇帝から一定の距離を置くため、後世になると道教集団によって行われるようになりました。そのきっかけは、商が飛び地に生産工房を設置したことによるものであったとみられます。春秋時代になると青銅器の生産は、下流の呉《ご》や越《えつ》に移動しました。

朝鮮半島の情勢

前一五〇〇年から前八五〇〇年頃までは前期無文土器の時代とされ、司馬遷《しばせん》の史記《しき》（世家第八巻）によれば、周の武王は商の王族であった箕子《きし》が紂《ちゅう》王の暴虐無比を諫めた賢人であるとして、前一一二二年朝鮮王に封じたと記しています。しかし、商が滅びたのは前一〇二六年頃なのでそうしたことはあり得るはずもなく、漢代の朝鮮支配を正当化するために創作したとするのが一般的な見方です。

この時代は日本列島の縄文時代と同様で、狩猟・漁労・採集・粗放的畑作農耕が行われ、大型長方形の竪穴住居に多家族で住み、後半になると小型化した竪穴住居に単家族が住むようになって集落が大きくなりました。また、竪穴住居にカマドやオンドルはまだ設置されておらず、中央に囲炉裏が設置されています。

二　水田稲作の始まり

縄文時代の穀物栽培

縄文晩期の時代までに、ヒエと五穀（キビ・アワ・ムギ・マメ・リクトウ）の粗放栽培を畑地で行っていた縄文人が、さらなる補充穀物としてスイトウ栽培（水田稲作）を導入し、ヒョウタン・マクワウリ・ゴボウ・シソ・エゴマ・アサ・クリなどの栽培も行っていました。因みに、縄文時代の遺跡から出土した穀物をみてみましょう。

○縄文の遺跡から出土した穀物

九州　福岡県　オオムギ・アズキ・リクトウ
　　　佐賀県　リクトウ

長崎県　エンバク・リクトウ
大分県　アワ・リクトウ
熊本県　オオムギ・ソバ・マメ・リクトウ
中国
岡山県　キビ・ヒエ・リクトウ
鳥取県　リョクトウ
近畿
大阪府　リクトウ
中部
福井県　リョクトウ
石川県　ソバ
富山県　ソバ
岐阜県　オオムギ・マメ・リョクトウ
長野県　リョクトウ
新潟県　ソバ
山梨県　マメ
関東
埼玉県　オオムギ
東北
青森県　アワ・キビ・ヒエ・リョクトウ
北海道
ソバ・ヒエ・アワ

これを種類別に分けると次のようになります。

①米類　リクトウ
②麦類　オオムギ・エンバク
③雑穀類　キビ・ヒエ・アワ・ソバ
④豆類　マメ・リョクトウ・アズキ

水田稲作の伝来

一九八〇年から始まった佐賀県の菜畑《なばたけ》（唐津市）の発掘調査において、縄文晩期〜弥生早期の時代にスイトウ栽培が始まったこと示す広さ一八平方メートルほどの水田跡四枚が出土し、北九州に初めて水穂《みずほ》が伝来したことを明らかにするものでした。

通常の畑作農業の場合、多くの穀物と野菜は連作ができないので、休耕地を設ける必要があり、焼畑農業であれば数年置きに新しい山野を焼き払い、畑地を移動させる必要があります。一方、スイトウ栽培は何年であろうと連作ができるので、単位面積当たりの収量が増すことの優位性は明らかでしょう。

ところが、当時の人々はスイトウを導入したからといってリクトウをやめたりはせず、従前の作物と並行して栽培していたことがわかってきました。時々の気候変動や水害により、スイトウだけに頼ることの危険性を感じていたからでしょう。

また、弥生遺跡全体から見つかった食用植物で最も多いのはドングリで、コメは二番目であることもわかりました。多角的粗放栽培の手法から本格的なスイトウ栽培に移行したといっても、食生活の基本は狩猟・漁労・採集にあって、穀物は補充的なものであったとみられ、寒冷期となった古墳時代には、穀物の割合が低下したのでないかと考えられます。ただし、穀物食の割合が増加したことは、栄養バランスの保持や食生活の安定化という観点から多大な効果があり、人口が増加したとみることが可能です。

菜畑での試験栽培が成功したのを見届けたのか、続いて福岡県の板付《いたづけ》（福岡市）でもスイトウ栽培が始まりました。こちらは種子を大幅に増産するための本格的なものであったとみられます。なぜなら、栽培地が南や東へと次々に伝播しているからです。

宮崎県の坂元Ａ（都城市）におけるスイトウ栽培の伝来は、菜畑や板付とほぼ同じ頃、貝殻を扱う南海交易の中継基地であった鹿児島県から入ったものと考えられています。水田の区画は方形ないしは楕円形の不整形なもので、一区画は一〇平方メートル前後、用水路のない非給水型の湿田でした。

なお、鹿児島県ではこの時期の水田遺跡は出ていませんが、薩摩半島西海岸の下原《しもばる》・高橋貝塚（以上南さつま市）や宮崎県との県境に近い小倉前《おぐらまえ》（曽於市）から夜臼《ゆうす》式土器が出土しています。

また、岡山県の津島江道《つしまえどう》（岡山市）は、瀬戸内に種子を供給するため板付から進出してきた拠点地とみられ、いわば分社のようなものだったのでしょう。非給水型で粗放的な栽培を行ったとみられる湿田が出土しました。ここで栽培されたスイトウは、東の近畿地方や南の四国にも広がり、四国では比較的短い年月の間に四国山地を越えて高知県に到達しています。

○初期の水田稲作関連遺跡

九州　佐賀県　菜畑（唐津市）
　　　福岡県　曲り田（糸島市）、板付・野田目・十郎川・有田七田前・雀居・比恵瑞穂・拾六町ツイジ（以上福岡市）
　　　宮崎県　坂元Ａ（都城市）、
中国　岡山県　津島江道・津島岡大（以上岡山市）
四国　愛媛県　大淵（松山市）
　　　香川県　林・坊城（以上高松市）
近畿　兵庫県　口酒井（伊丹市）、玉津田中（神戸市）
　　　大阪府　船岡山（田尻町）、牟礼（茨木市）、小阪（東大阪市）
　　　滋賀県　口分田北（長浜市）

農具と種子の貸付

福岡県の那珂川（福岡市）沿岸にスイトウ栽培の適地が広くあった板付では、渡来人が近隣の人々を集めて農具作りと水路・水田の整備方法を教え、種子栽培を行っていたと考えられます。

　ここでは河川から幅二メートル、深さ一メートルのU字形灌漑用水路を一キロ以上掘り、水路に杭を打って丸太や粗朶《そだ》（細い木や太い木の枝葉）を挟み込んで水流を止め、隙間に草や苔を詰めて水位を上げ、一枚四〇〇平方メートルという大きな水田に導水をして栽培しているのです。こうしたやり方は、商人である海人が大陸の現地で見てきたからといって簡単にできるものではありません。経験を経た指導者があっての栽培とみられますから、海人が現地からふさわしい人を連れ帰ってきたのか、何らかの理由で大陸から逃亡してきた者がいたのか、いずれかではないかとみられます。

　板付の渡来人と海人は、周辺集落の首長を集めて水路・水田の整備方法と栽培方法を教え、できた所に種子と道具を貸し付け、秋の収穫時に一定割合を受け取っていたと考えられます。原初的な資本主義社会にみられる個人の貸し借りは、おそらく縄文時代から活発に行われていたとみられますが、当初はまだその延長線上にあったのでしょう。

　そうした稲の貸し借りに関係しているとみられるのが、記紀にある第五代孝昭天皇の名前です。その名は御真津日子訶恵志泥命《みまつひこかえしねのみこと》（紀では観松彦香殖稲尊《みまつひこかえしねのみこと》）とありますが、御真津（観松）とは水間津《みまつ》のことで、河川に付帯する湖沼などに設けた湊津《みなとづ》、つまり通行する舟を取り締まる役所を設けた所で、律令時代の津司《つし》にあたります。日子・彦は王のこと、訶恵志泥（香殖稲）は「返し稲」を意味するとみられ、天皇の母である天豊津媛命《あまとよつひめのみこと》の出身が、由良川に面した水間津（京都府舞鶴市水間）であって、ヤマト朝廷がこの地に送り込んだ尾張・葛城系の人であり、現地ではスイトウの種子を貸し付けていたと想定されます。

栽培センターでできた種子が、やがて有力な商売として成立するのはいつの時代でも同じです。時代は下りますが孝徳二年（六四九）にあった貸稲《いらしね》の制度、八世紀初めに定められた養老律令時代の出挙《すいこ》の制度がそのことを示しています。出挙の制度では、春の播種期に種子を貸し出し、秋の収穫期に収量の三〇〜五〇パーセントを利稲《りとう》として返すものでしたから、大変な高利貸し制度でした。

また、海人が播種期の春に種子と必要な農具を貸し出し、収穫期の秋に壊れた農具と収量の一定割合を利子として受け取る、農閑期の冬には農具を補修するなどして翌春の貸付に備える、こうしたスイトウ栽培の年間サイクルが営々と行われ、それを中部九州や山陰・瀬戸内に広め続けたことが窺われます。

新しい生活様式

スイトウ栽培とともに、新たな時代を切り開く先駆けとなる新様式の土器・石器・木器・墓制・建物・集落が、年月をかけて導入されていきます。

①土器の事例

旧来の縄文系と新様式である弥生系（無文《むもん》・突帯文《とったいもん》）の土器が混在するようになり、やがて弥生系は山の寺式から夜臼《ゆうす》Ⅰ式に変化しますが、弥生系の変化をまとめて突帯文期と定義し、弥生早期の時代としている場合があります。

壺《つぼ》……食物を入れる器
甕《かめ》……石や竈《かまど》にのせて蒸す器
高坏《たかつき》……食物を盛る器
鉢《はち》……水を入れる器
紡錘車《ぼうすいしゃ》……糸を紡ぐ道具

②石器の事例

縄文系と新様式である大陸系磨製《ませい》が混在し、後者はより精密にできています。

石包丁《いしぼうちょう》……稲穂を刈り取る道具
石鎌《いしがま》……同
太形《ふとがた》蛤《はまぐり》刃《ば》石斧《いしおの》……木の伐採、木材を加工する道具
抉入石斧《えぐりいりいしおの》……同
扁平片刃《へんぺいかたば》石斧《いしおの》……同
磨製石剣《ませいせきけん》……狩猟や武器として使う剣

磨製石鏃《ませいせきぞく》……………狩猟や武器として使う矢じり
紡錘車《ぼうすいしゃ》……………糸を紡ぐ道具

③木器の事例

縄文時代の粗放的穀物栽培にはなかった道具が生まれます。

諸手鍬《もろてぐわ》……………田を耕す農具
エブリ……………田を水平にならす農具
臼《うす》……………稲モミを脱穀する道具
杵《きね》……………同

④墓の事例

縄文時代は土に穴を掘って埋葬するだけの土坑墓ですが、他の土地とは異なることを示すため、溝で区分するなどの手法を取り入れています

支石墓《しせきぼ》……………数個の支石の上に大きな主石を載せた墓
周溝墓《しゅうこうぼ》……………墓の周囲に溝を掘って区分

⑤建物

水田稲作が河川下流の湿地帯で行われ、集落が自然堤防や低丘陵地にあったことから、高床式の倉庫が必要となりました。

竪穴住居……………集落内に円形に設置

倉庫……………集落内に掘立高床で複数設置
集会所…………集落内に掘立平屋大型を一棟配置

⑥集落

水田稲作で大事なことは、灌漑用水の確保から耕作、播種、田植え、水管理、除草、稲刈り、脱穀、種子保存という一連のサイクルを、共同作業で行う必要があり、それを指揮するリーダーが欠かせないということです。それを確保するための仕組みが必然的にできてきます。

これまでの説明では、集落の周りに円形の濠や壕を設置した環濠集落であるということでした。しかし、水田稲作の普及に渡来人が係わっていたとしても、実践をしていたのが先住の縄文人であれば、急激に環濠集落ができるのはおかしなことです。

この疑問に応える最近の再調査によれば、環濠を持つ集落や土地は極めて希少な事例であり、一般的なものではないということです。弥生早期から前期前半にかけての環濠は九州から西瀬戸内までですが、そのほとんどが集落ではなく食物の貯蔵穴を囲った環濠でした。

集落共有の貯蔵穴が出てきたのは、右記説明にあった仕組みの一つで、収穫した稲穂を個人に配分する分と共有物として貯蔵穴に保管する分に分別します。共有物とは、集落の祭事に用いる分、貯蔵穴の管理者手当て、首長の手当てなどが想定されます。

通常、祭事を行う者と貯蔵穴の管理者は同一人で、シャーマンがその役目を担っていましたから、集落の祭事と政事は分離されていますが、互いの意思決定に齟齬《そご》が生じないようにするため、祭政一致を図る意思疎通が必要となったことはいうまでもありません。

一般集落が環濠化するのはもっと後の時代となりますから、その説明は後記に譲りますが、大陸における集落は環濠や土塁で防御をするのが一般的であり、中国では前六〇〇〇年頃、朝鮮では前五五〇年頃の無文土器後期の集落遺跡からそれが確認されています。外敵防御の必要性が希薄であった島国の日本は、例外的なものであったことがわかります。

なお、集落を囲う防御施設には、水掘の濠・空堀の壕・土塁・木柵・板柵など地形や土質に応じて様々ですが、本書ではこれらを全て含めて「環濠集落」ということにします。

三　水田稲作伝来のルート

スイトウの伝播と古代イネのＤＮＡ分析

スイトウの種子はどこからきたのでしょうか。中国雲南省→長江流域→山東半島→朝鮮→日本というこれまでの伝播図式を疑う人はいなかったはずです。ところが、近年における遺跡調査と古代イネのＤＮＡ（遺伝子）研究から、それは成り立たないことが明らかとなってきました。

中国浙江省河姆渡《かぼと》（長江河口の南、杭州湾南岸の丘陵地上にある）から木や水牛の骨で作った鋤《すき》とともに、前五〇〇〇年頃の炭化米が出土し、雲南省より古いことがわかったのです。イネの種類は温帯ジャポニカ（スイトウ）でした。

イネの種類は大きく分けると、インディカ種（長粒米）とジャポニカ種（短粒米）の二種であり、さらにジャポニカ種は熱帯ジャポニカ（リクトウ）と温帯ジャポニカ（スイトウ）に分かれます。

これらの種類の遺伝子研究を行った結果、中国にある温帯ジャポニカの特定の遺伝子が、日本産にはあったものの朝鮮産にはないことが分かり、長江下流域から朝鮮を経ないで、直接日本に入ってきたのではないかということになりました。それを傍証するかのように、朝鮮では前五〇〇〇年以前の水田跡が見つかっていないのです。

日本の縄文土器にあたる朝鮮の櫛目文土器《くしめもん》が無文土器《むもん》に変わるのは、日本の弥生時代よりやや早いとされていますから、前一〇〇〇年より前であったとみられます。この時期に倭人族の海人がスイトウの種子を朝鮮に持ち込み試験的に栽培をしたものの、寒冷な気候のため失敗に終わったのではないでしょうか。前二五〇〇年頃縄文の温暖な気候が終わりを告げ、冷涼な気候に転じて弥生の海退が始まったとみられるからです。

そこで、無文土器とともにスイトウの種子を温暖な気候の北九州に持ち込み、試験的な栽培をしたと考えられるのです。結果的には、スイトウ栽培が中国の長江流域から直接日本列島に入ってきたことになります。

こうした点を考慮したとき、朝鮮でスイトウ栽培が始まったのは、日本列島でリクトウとスイトウの交配種ができ、寒冷地に耐え得る新品種ができてから、つまり新スイトウの種子が遠賀川《おんががわ》式土器とともに瀬戸内からに列島各地に広まったとき、海人によって朝鮮に持ち込まれたとみるべきで、これまでの常識が覆る可能性があります。

なお、倭人とは日本人という意味ではなくもっと広い範囲に住んでいた海人のことですから留意が必要です。また、倭人や倭国という場合の倭の読み方を、日本ではいつの頃からかワと読むようになりましたが、本来はイとしか読みません。また、その意味には体が小さいということもなく、性格が従順であるとか温和であるという意味にすぎません。体が小さいというのであれば矮《わい》になります。したがって、倭《い》と矮《わい》を混同してワと読むようになったのか、あるいは中国で矮の省略文字を委としていたことによるものなのか、今ではよくわかりません。

スイトウの伝播と八咫烏《やたがらす》の伝説

スイトウが中国から伝播してきたことを物語っているとみられる伝説が、記紀神話の神武天皇にみえる八咫烏《やたがらす》（三本の足の長さが八寸の烏）で、中国でいう三足烏《さんそくのう》（三本の足がある黒い烏）に相当するものです。

中国における神話の元は、太陽には烏《う》がいて月には兎《う》がいるという伝説です。三足烏は農業神の中心的な存在である太陽神（女神）に仕え、豊穣をもたらすという想像上の鳥ですが、日本では一般的に烏をカラスと解釈しています。例えば、八世紀半ばに唐の役人である張継がつくった有名な七言絶句では、烏をカラスと読んできました。

楓橋夜泊　（楓《かえで》橋のある所で船に泊まる）

月落烏啼霜満天　（月は落ち烏《からす》が鳴いて霜の気は天に満ちている）

江楓漁火対愁眠　（旅愁の浅い眠りに楓《かえで》の間から漁火《いさりび》がちらちらと見え）

姑蘇城外寒山寺　（姑蘇城の外にある寒山寺から

夜半鐘聲到客船　（夜半を知らせる鐘の音がこの船にまで聞こえてくる）

ここでいう漁火とは、鵜を使って魚をとる鵜飼漁《うかいりょう》のことですから、ウと読むのが正しいのです。また、日本では鵜の字をもって黒い水鳥のウとしていますが、中国では鵜といえばペリカンのことで、日本でいうウは鳥となります。

華南の水田稲作農民は、農閑期に河川や湖沼で漁労を行うとともに、家畜のアヒル・ニワトリ・ウサギ・ブタ・スイギュウなどを飼っています。ですから、太陽神の三足烏には豊作と大漁を、九尾狐《きゅうびのきつね》（九本の尾がある狐）には家畜の繁殖を、月神《げっしん》の兎《う》には不老長寿を願う祭りがあって、その風習が水田稲作とともに日本に伝わったとみられるのです。もっとも、太陽神はアマテラス大神《おおかみ》に、三足烏は八咫烏《やたがらす》に、九尾狐は稲荷《いなり》神社を守る狐《きつね》に、月神の兎は仙薬ではなく餅をつく兎《うさぎ》に変化しました。

第二章　弥生前期（前八〇〇〜前四〇〇年頃）

滋賀県守山市の服部遺跡から出土した弥生式土器（木葉紋）
（守山市立埋蔵文化財センター蔵）

一　大陸の情勢

中国の情勢

前七七〇年に周の統治力が衰え、中国は諸侯が覇を競う春秋時代に突入し、相次ぐ戦乱で混乱しました。大国は秦《しん》・晋《しん》・斉《せい》・燕《えん》・楚《そ》・呉《ご》・越《えつ》の七カ国、中小国は周《しゅう》（東周）・鄭《てい》・衛《えい》・魯《ろ》・曹《そう》・蔡《さい》・陳《ちん》・宋《そう》の八カ国です。

そのほか、黄河と長江の間の淮河《わいが》の辺り（山東省南部と江蘇省）に、泗上《しじょう》諸侯といわれた九カ国の小国がありました。この地は二大河川の下流域で、年々膨大な土砂を上流から運んできては海にせり出し、大洪水のとき流路を変えることが繰り返されてきた大デルタ地帯です。当時の海岸は現在よりも約二〇〇キロ内陸にあって、いずれの小国も海岸から比較的近い所にあったとみられます。

○泗上諸侯の小国

①邾《ちゅう》（山東省邾城《ちゅうじょう》）　前一〇二七年頃～不明　楚の攻撃で滅亡
②薛《へい》（山東省庄薛城《しょうへいじょう》）　始期不詳　～前二七九年　斉・魏の攻撃で滅亡
③小邾《しょうちゅう》（山東省滕州《とうしゅう》東）　始期不詳　～前三〇〇年頃　楚の攻撃で滅亡

④滕《とう》（山東省滕州《とうしゅう》）　前一〇四五頃　～前四一四年頃　越の攻撃で滅亡
⑤莒《きょ》（山東省莒県）　前一〇二七頃　～前四三一年　楚の攻撃で滅亡
⑥任《じん》（山東省済宁任城《さいちょじんじょう》）　始期不詳　～戦国時代　滅亡不詳
⑦郯《たん》（山東省郯城）　始期不詳　～前四一四年頃　越の攻撃で滅亡
⑧費《ひ》（山東省費県）　始期不詳　～終期不詳　滅亡不詳
⑨邳《ひ》（江蘇省邳州）　始期不詳　～終期不詳　楚の攻撃で滅亡

これらの小国は前五〇〇～前二〇〇年の間に滅びているのですが、かつて倭人族の海人《かいじん》と長年にわたって交易を続けていたことにより、朝鮮半島や日本列島の情報もある程度得ていたとみられます。

当時の泗上はクリークが縦横無尽に廻っている大デルタ地帯ですから、舟は生活をする上の必需品であり、国が破れたとき人々は朝鮮や日本列島を目指して逃亡したのではないでしょうか。九カ国の滅亡年代にかなりの幅があることからみて、こうした移住の動きは何派にも分かれていたと考えられ、倭国に移住した後においても、対立や戦いがあったとみられます。後で取り上げる山口県の土井《どい》ヶ浜《がはま》人との関係では、①・⑥・⑧・⑨に可能性があります。

朝鮮半島の情勢

前八五〇～前五五〇年頃の朝鮮半島は、中期無文土器の時代で畑作農業が大規模化し、水田稲作が行われたとする説があるものの、その遺構は見つかっていません。栽培穀物はオオムギ・コムギ・雑穀が主で、リクトウは補充的なものにすぎません。その理由は、半島の気候が冷涼で日本の東北・北海道と同様だったからでしょう。

この時代を代表する遺跡が朝鮮中西部の松菊里《しょうきくり》(韓国忠清南道扶余郡)ですが、中期後半になると墓地の副葬品から青銅器が出土しており、中国春秋時代の燕《えん》(河北省・遼寧省の辺り)・斉《せい》(山東省の辺り)・呉《ご》(江蘇省・安徽省の辺り)のいずれかの国から交易で手に入れたものとみられます。

半島の南西部では多くの支石墓がつくられ、青銅器・ヒスイ・石剣・朱塗土器が副葬品となるなど、北九州にみられる様式と共通するものが数多く出土しています。この地域は倭人族の海人が縄文時代から継続して築いてきた文化圏であり、朝鮮中北部の文化とは異なっていたことが明らかとなっています。

二　渡来人との出会い

響灘《ひびきなだ》に流着した渡来人

弥生前期半ばの前五〇〇年頃（板付式土器Ⅱａの時代）、北九州から山口県にかけての響灘沿岸に流着して住み着いた人々がいました。一九三一年山口県の土井ヶ浜では、彼らを埋葬した墓地が砂丘で見つかり、多数の人骨が出土しました。その後中の浜や吉母浜《よしもはま》（以上下関市）でも同様の墓地と人骨が見つかり、その数は五〇〇体を超えることから、蒙古襲来時の蒙古兵を埋葬したものではないかといわれたそうです。

しかし、調査の結果弥生時代に遡ることが分かり、相当数の人々が大挙して渡来したものとみられ、人骨の大半は西方の中国大陸を遠望するように埋葬されていました。このような土井ヶ浜系の人骨は、北九州の甕棺墓《かめかんぼ》・朝鮮南部・中国山東省でも出土しており、その形質は新モンゴロイド系であって、上顎の犬歯二本を抜歯する風習を備え、平均身長が一六三センチを超え長身面長であるのに対し、古モンゴロイド系の縄文人は、平均身長一五九センチ以下の丸顔であったことがわかっています。

また、次の遺跡から出土した人骨には武器による攻撃の痕が残るもの、首のない遺体、あるいは首だけの遺体があって、中国大陸から渡来したとみられる集団の間で、戦いがあったのではないかという推定がされています。

○武器による損傷人骨が出土した遺跡事例

福岡県　新町・長野宮ノ前（以上糸島市）・雀居（福岡市）

山口県　土井ヶ浜（下関市）

渡来人の彼らはスイトウ栽培に熟達していたとみられ、倭国内に新品種のスイトウと遠賀川式土器を広め、在地の縄文人と混血を重ねることにより、新文化である弥生時代が本格的に切り開かれたのだと思います。

なお、稗田地蔵堂《ひえだじぞうどう》（下関市）から出土した蓋弓帽《がいきゅうぼう》（古代の中国で貴人が乗った車馬の天蓋《てんがい》の傘骨《かさぼね》を飾った金具）は、流着した土井ヶ浜人が中国から持ってきたものを伝世していた可能性が高いとみられますが、彼らの故郷は中国のどこにあったのでしょうか。

東へ移動した渡来人

島根県の石見《いわみ》や出雲《いずも》の集落では、響灘に流着した人々の子孫を受け入れ、スイトウ栽培を始めたとみられるのです。例えば浜寄（益田市）では、高津川河口の後背湿地に一枚六〇～一〇〇平方メートルの長方形の前期水田が畦畔によって整然と区画され、用水は丘陵の末端裾野から湧き出る水を引いていました。

この遺跡と全く同じ形態の水田遺構が、岡山県の旭川沿いにある津島（岡山市）でみられます。ここは集落と水田の遺構が一帯として見つかった初の遺跡でした。竪穴住居や高床式倉庫は微高地につくり、続く低湿地に水田が配置されています。水田は畦畔のない非給水型の湿田、一枚三〇～五〇平方メートルで畦畔のある給水型の半乾田の二種があって、集落のある微高地と湿地の間に矢板列、湿田と湿地の間に杭列が打ち込まれていました。

同時代の水田遺構が数多くみられる大阪府の事例をみてみましょう。山賀遺跡（八尾市）は、当時の淀川や大和川が流れ込む河内潟《かわちがた》南岸の微高地上にあり、一枚四九～一四〇平方メートルで畦畔のある給水型の半乾田です。河内潟周辺では、若江北・友井東・美園・池島福万寺・志紀の各遺跡においても水田遺構が出土していることからみて、当時の倭国内では最も大きな水田地帯が広がり、人口の集中も進んでいたものとみられます。

このように、当時の水田には湿田と半乾田のあったことがわかったのですが、水田稲作の伝播をみますと、福岡県・岡山県・島根県・大阪府の河口湿地帯では、地域に種子を供給するセンター的役割を担っていたのでしょう。こうした河口の湿地帯をスイトウ栽培の先進地として選択した遠因は、玄界灘や響灘に流着した渡来人の故郷にあったものと考えられます。

次に、こうした河口湿地帯にまつわる地名を検討してみましょう。

①奴国《ぬ》・難波《なにわ》のヌ・ナの意味

那珂川・御笠川・樋井川などが流れ込む博多湾には年々大量の土砂が溜まり、元は島であった志賀島と能古島が砂州で陸地とつながるほどですから、遠浅の海水域が広がっていたとみられ、湾というより潟といった方がよい地形でしょう。外洋船が容易に入ってこられない弱点を有しています。

このことは淀川・大和川などが流れ込んでいた河内潟も同じことで、潟の東南側には海と潟を隔てる長柄砂州《ながえのすさ》、つまり長洲がありました。

こうした湿地帯の名称は沼のヌなのですが、実際にはナとヌの中間音であったとみられ、潟を意味していたとみられます。

②難波・旦波《たにわ》のニワの意味

谷間を流れる河川を舟で下ったとき視界が開けた所、つまり盆地や平野のことで家屋に付帯する庭と同じ意味であったとみられます。

旦波《たにわ》の場合は多くの盆地に水田があったからとみるか、あるいはタタラがあったからとみるかですが、前者ではないかと思います。旦波は後にニワとかタンバと読まれ、但馬《たじま》・丹波《たんば》・丹《たん》後《ご》に分かれましたが、丹後の由良川は古代から日本海に面した水運交易のルートであり宮津はその拠点ですが、兵庫県の加古川や京都府の保津川とつながりがあったとみられます。

土笛を持ってきた渡来人

響灘に漂着した渡来人が東へ移動し、スイトウ栽培を広めながら新たな集落を築いたとみられる遺跡から、ダチョウの卵形をした弥生の土笛《つちぶえ》が出土しています。それは単なる楽器ではなく、銅鐸のように神を呼ぶための祭祀器だったのでしょう。

○弥生の土笛が出土した地域

九州　福岡県の東部地域
中国　山口県の西部地域
　　　島根県の海岸地域
　　　鳥取県の海岸地域
近畿　京都府の丹後半島

土笛は縄文時代にもありましたが、吹き口が上方に一つ開いているだけで、音階を出すため指で押さえる横穴がありません。弥生のものは吹き口が上方に一つあって、横穴が前に四つ、後ろに二つ、合計六穴のものです。

現在一〇〇点を超える出土をみていますが、最も多いのが島根県で西川津（松江市）では二一、タテチョウ（松江市）で二〇となっています。

弥生の土笛の源流は中国であるとされ、朝鮮でもみられるものです。中国では仰韶《ぎょうしょう》文化の遺跡(河南省)や水田稲作のあった河姆渡《かぼと》(浙江省)などから、陶塤《とうけん》という土笛が出土し、時代が下るほど横穴が多くなるようです。

三　西日本

遠賀川式土器の普及

この時期の水田稲作は、九州から若狭湾・伊勢湾までの西日本全体に広がりました。同時に、集落の水田面積も拡大しています。特徴的なのは、遠賀川《おんがかわ》式土器という弥生時代を代表する土器を伴って急速に拡大したことです。福岡県の東部を流れる遠賀川流域の立屋敷(水巻町)から最初に見つかったことによって名付けられた土器ですが、発祥の地は瀬戸内地方であるとみられています。

早期の時代にいち早く水田稲作を導入したところといえば、岡山県の津島江道《つしまえどう》(岡山市)ですから、発祥の地はこの辺りであった可能性が高いでしょう。なお、前期前葉では、弥生早期の突帯《とったい》文《もん》式土器と弥生前期の遠賀川式土器の二種類が、同時期に使用されていたこともわかりました。

また、高知県中央部の香長平野にある田村（南国市）では、縄文系の先住民による方形住居跡と晩期縄文系土器、弥生系の移住民による円形住居跡と遠賀川式系土器がみられ、二系統の人々が混住していた集落として注目されます。

○遠賀川式土器の出土した遺跡事例

九州　福岡県　板付・野田目・雀居・拾六町ツイジ（以上福岡市）
　　　　　　　曲り田（糸島市）、立屋敷（水巻町）
　　　佐賀県　菜畑（唐津市）
　　　大分県　安国寺（国東市）
中国　広島県　高山一号（世羅町）、高蜂（三次市）、中山貝塚（広島市）
　　　岡山県　津島・津島江道・百間川原尾島・百間川沢田（以上岡山市）
　　　島根県　蔵小路西（出雲市）
　　　鳥取県　目久美（米子市）
四国　香川県　林・坊城（香川市）
　　　高知県　田村（南国市）
近畿　兵庫県　下加茂（川西市）、北青木・玉津田中（以上神戸市）
　　　　　　　駄坂舟隠（豊岡市）

京都府　雲宮（長岡京市）、

滋賀県　服部、小津浜（以上守山市）、川崎（長浜市）

大阪府　鬼塚・高井田・瓜生堂（以上東大阪市）

　　　　美園・亀井（以上八尾市）

奈良県　芝（桜井市）、多（田原本町）

三重県　中ノ庄（松阪市）、納所（津市）、永井（四日市市）

和歌山県　岡村・亀川（以上海南市）、太田黒田（和歌山市）

スイトウの新品種誕生

遠賀川式土器の普及に貢献したのが交易を担っていた海人で、弥生早期の突帯文式土器と同じパターンであったとみられます。海人は壷に入ったスイトウの種子を首長に貸し付け、収穫期に利稲《りとう》を回収していたのでしょう。彼らの本拠地は瀬戸内と山陰の分岐点で交通の要所である北九州の東部にあって、遠賀川の下流にあったのではないかと考えられます。そこから瀬戸内の吉備と山陰の出雲に拠点を設け、さらに東進して河内に大拠点を設けたと推定されます。

遠賀川式土器は粘土を整形するとき地面に木の葉を敷いて行ったことから、土器の表面に木の葉文様の付いていることが多く、使いやすさを追求した新様式の土器です。これが急速に広まった理由の一つは、土器そのものよりも壷に入ったスイトウの種子が、寒冷な気候にも耐える豊産の新品種であったことによるものではないでしょうか。そうでなければ、中期前葉の時代に寒冷な東北地方の北部まで伝播するはずもないからです。

寒冷な東北北部に合ったスイトウの新品種といえば、藤坂五号の開発が思い出されます。一九三九年に農林省盛岡試験地で生まれた藤坂五号は、青森県の十和田農事試験場で育成され、一九四九年から種子の配付が開始されました。味では劣るものの冷害には極めて強いため、戦後の食糧危機を救ったとまでいわれた偉大なスイトウでした。東北における栽培品種は、藤坂五号をベースに改良され続けてきたものです。

弥生時代に新品種が誕生したきっかけは、おそらくリクトウの隣でスイトウを栽培していた突帯文期にあったとみられます。この交配によって偶然にも様々な品種が生まれ、その中から優れたものを選抜し、遠賀川式の壷に種子を入れて貸し付けを始めたのでしょう。前章において縄文人はいざというときのために、スイトウを導入してもリクトウを捨てなかったという指摘をしましたが、そのことによる利点が思わぬところで功を奏したというわけです。

こうして生まれた新品種は早稲種であったことから、春の雪解けが遅いため播種の遅れる中山間地や北日本での栽培に適していたとみられ、さらには寒冷気候である朝鮮に持ち込まれたと考えられます。

リクトウは病気や寒冷気候に強く、スイトウ一辺倒となった今でもスイトウの品種改良にとって重要な優良遺伝子を有しています。当時のことですから、品種の交配や改良などは思いも至らず、神からの授かりものとして収穫したスイトウを壷に入れて神に奉げ、種子に穀霊神を宿すための儀式が終わってから、各集落の首長に貸し出されたのでしょう。したがって、収穫に応じた一定の利稲《りとう》は海人に返すのではなく、神との約束に基づいて神に返すとの理解であったと解されます。欧米流にいえば神との契約ということになるのでしょう。

突帯文式から遠賀川式への土器の交代の裏にスイトウ品種の交代があれば、それを支えてきた海人グループ間にも消長が生まれたはずです。次項で取り上げる中国大陸の情勢を考慮すれば、北九州西部のグループが衰退し、東部のグループが発展する変化があったのだと思います。

一般集落と環濠集落

集落の外側に防御施設を持つ環濠集落は極めて希少な事例であり、一般的なものではないということ、また、九州から西瀬戸内に分布する弥生早期から前期前半にかけての環濠地は、その大半が集落ではなく盗難やネズミなどの侵入を防ぐため、食物の貯蔵穴を囲ったものであることは前章で取り上げました。前期にあって確実な環濠集落とみられる遺跡例は次のとおりです。ただし、太字の集落は前期から中期、もしくは後期、あるいは古墳まで継続している集落ですから、中期以降に環濠施設を付加したことも考えられます。

○環濠集落の遺跡事例

九州　福岡県　有田（福岡市）
　　　佐賀県　吉野ヶ里（吉野ヶ里町・神埼市）
　　　長崎県　原ノ辻（壱岐市）
　　　宮崎県　檍（宮崎市）
中国　山口県　宮原（下松市）
　　　岡山県　百間川沢田（岡山市）・清水谷（矢掛町）
四国　愛媛県　祝谷畑中（松山市）
　　　香川県　鬼無藤井（高松市）・竜川五条（善通寺市）
　　　　　　　中の池（丸亀市）・鴨部川田（さぬき市）
近畿　兵庫県　大開（神戸市）・東武庫（尼崎市）
　　　大阪府　安満（高槻市）・東奈良（茨木市）・池内（松原市）
　　　　　　　池上・曽根（和泉市・泉大津市）
　　　奈良県　平等坊・岩室（天理市）・唐古鍵・多（以上田原本町）
　　　　　　　坪井・大福（橿原市）
　　　和歌山県　太田黒田（和歌山市）・堅田（御坊市）
　　　京都府　雲宮（長岡京市）

三重県　大谷（四日市市）・筋違（松坂市）

ここにみられる希少な環濠集落とは、どのような役割を果たしていたのでしょうか。古墳・飛鳥・奈良時代になると大きな環濠集落はなくなりましたが、小規模なものがありました。そこでは鉄器・木竹器・石器・土器・糸・布など様々なものづくりが行われるとともに、定期的に市《いち》が開かれ、手持ちの品物を持ち込んで欲しいものと交換する市場《いちば》でもありました。

また、拠点的な集落の大きな市場の場合は、周辺地域の住民を対象とするだけではなく、遠く離れた市場との交換取引、即ち全国的なネットワークでつながっている市場間の取引があります。こうした仕組みはおそらく縄文時代に自然発生的に生まれたもので、弥生時代にも引き継がれていたと考えられます。

したがって、弥生の環濠集落はものづくりの施設と市場を備えた拠点集落であり、貴重品を奪われないようにするため、防御手段を講じていたのでしょう。このような集落を当時の人は何といっていたのか、記紀等の文献に書かれたものから推定してみます。

①マキ（巻・纏・真木など）
　空堀の壕や土塁を廻らした所
②ミマキ（水巻など）

水堀の濠を廻らした所

③カクチ（賀来内など）・カコチ（加古内など）

環濠の防御施設で囲った内区

④ムク（向）

掘削して土を剥《む》き取るという意味

⑤ミミ（耳・彌彌など）

耳の字は古代の戦士が戦場で敵の首を取る代わりに耳を取って持ち帰り、その手柄を競ったことに由来しています。拠点集落にあっては防御責任者である武人の長が、危急の場合狼煙《のろし》を上げて周辺集落から戦士の若者であるミミトリ（耳取・彌彌取など）を集めたとみられます。東北地方には、耳取の地名が今でも残っています（拙著『エミシとヤマト』二〇一三年、河北新報出版センターを参照）。

また、ミミが武人を指す言葉であることは、大和《やまと》三山である畝傍山《うねびやま》・耳成山《みみなしやま》・天香久山《あまのかぐやま》の伝説に出てくる敗者の耳成山の話、小泉八雲（ラフカディオ・ハーン）の小説に出てくる耳《みみ》無芳一《なしほういち》の話などから確認することができます。

⑥ミミトリ（耳取・彌彌取など）

ミミの指揮で闘う戦士

内区に何もない環濠地の役割

山陰の遺跡でみられるのですが、貯蔵穴も集落もない所に防御施設がつくられていた問題です。太線の集落は前期から中期まで、もしくは後期あるいは古墳時代まで継続している遺跡です。

○内区に何もない環濠地の遺跡事例

中国　島根県　田和山・佐太前（以上松江市）・経塚鼻（安来市）
要害（雲南市）
鳥取県　天王原・今津岸の上（以上米子市）・大塚岩田（大山町）

これはおそらく神祀りを行った神聖な場所であって、普段は人を近づけないためにつくられた環濠地であったと考えられます。かつて集落内で行われていた神祀りが、集落とは異なる場所で、しかも一般人とは区別された神の子であるシャーマンにより、太陽神や穀霊神などに祈りを奉げる行事が、執り行われるようになったとみられるからです。

その意味するところは古墳祭祀につながるもので、神祀りのあり方を変えた極めて重要なエポックと解されます。なお、シャーマンをカミやカムといい、固有名詞は男性であれば○○ヒコノミコト、女性であれば○○ヒメノミコトと呼び、ミコトを単にミコという場合もあったとみられます。

棺墓制

前期にみられる棺は次のとおりです。

①甕棺《かめかん》

甕または壷を棺とするもので、北部九州では縄文時代の乳幼児埋葬方法であって成人は木棺でしたが、弥生前期になると成人にも甕棺が用いられるようになりました。

②石棺

板石を箱状に組み合わせて棺とするもので、支石墓《しせきぼ》と合わせて用いられるようになり、北部九州から西部中国に広まりました。

④木棺

丸太をくり貫いて木棺とするもので、近畿地方に広まりました。

前期にみられる墓制は、次のとおりです。

①支石墓

土坑墓の横に小さな支石を置き、これに長方形の大きな石を載せて屋根状とした墓で、朝鮮半島南西部から縄文晩期の北西部九州に伝わりました。

②方形周溝墓《ほうけいしゅうこうぼ》

墓域の周りを長方形または正方形に溝を切り、墓域を土で盛り上げてつくった低墳丘墓のことで、前期中葉に近畿地方で始まり、伊勢湾に広がりました。

四　東日本

水田稲作の導入

西日本の動きに触発され、前期において遠賀川《おんがかわ》式土器とともにスイトウを導入したとみられるのが、福井県の九頭竜《くずりゅう》川下流域の福井平野、愛知県の木曽川下流域の濃尾平野です。中でも愛知県の朝日（清須市・名古屋市）は、東日本の入り口にあたる地の利を活かし、種子供給と栽培指導のセンター的役割を果たしていたとみられます。

○遠賀川式土器の出土した遺跡事例

北陸　福井県　丸山河床（小浜市）、糞置（福井市）

東海　愛知県　朝日（清須市・名古屋市）

ところが、濃尾平野以東の中部・関東地方におけるスイトウ栽培の広がりはそれほどではなかったとみられます。おそらく試験的にやってはみたものの、リクトウは成功しスイトウは失敗に終わったとみられるのです。例えば神奈川県西部の酒匂川下流域にある中屋敷（大井町）の前期遺跡から、コメ・アワ・マメの穀類が出土したものの、コメはリクトウである可能性が高いでしょう。北日本ほど寒冷な気候ではなく、灌漑の適地も数多くあるとみられるので、原因は別なところにあったと考えられます。

この地域には富士山をはじめとする活火山が多く、古代から何度も噴火を繰り返し、火山灰が多い土壌（関東ローム層）ですから、粘土質の土壌が多い西日本と違い、当時の栽培技術では水持ちが悪く、スイトウ栽培には適さなかったとみられます。

そうした所に適するのは畑作と畜産ですから、スイトウではなくリクトウが適します。今日でいう適地適作であって、文化が遅れていたという評価はあたりません。また、広大な下流平野の湿地帯を構成している土壌も、火山灰が積もったものですから、河川の流路は安定しません。無理をして水田にしたところで流されてしまいます。

こうした自然条件は、東日本に限られたものではなく、九州中南部や北日本でもみられるものです。河川に流されない下流の丘陵地・中流域・上流域の高地に、スイトウ栽培が広がるのは、中期ないしは後期となります。

他方、北陸地方の場合は沖積平野が狭いという難点はありますが、火山灰の障害が少ないため、導入は比較的順調であったとみられます。福井県の糞置《くそおき》(福井市)では刺青《いれずみ》をした人面土器が出土しました。

五　金属・ガラス文化の伝来

青銅器文化の伝播

中国における青銅器文化は、前一七世紀の商《しょう》(殷人《いん》がつくった国)において盛んとなります。その中心は武器と祭器で、製作地は長江の中流域にあった盤龍城《ばんりゅうじょう》(武漢市)ですが、製作技術は世界最高のレベルに到達していました。

同じ頃、南シベリアの北方遊牧民の中にも青銅器文化がみられます。商の南北で展開された青銅器文化は、前八世紀の春秋時代以降の諸国において、次のような青銅貨幣の鋳造が盛んに行われる時代へと進化しました。

①布貨《ふか》(鋤《すき》の形)　晋《しん》・斉《せい》・韓《かん》・魏《ぎ》・趙《ちょう》・燕《えん》で鋳造

②刀貨《とうか》（刀の形）　斉・趙《ちょう》・燕・中山《ちゅうざん》で鋳造
③蟻鼻銭《ぎびせん》（貝の形）　楚《そ》で鋳造
④環銭《かんせん》（円形の穴空き形）　秦《しん》・韓・魏・趙で鋳造
⑤半両銭（円形で正方形の穴空き形）　統一国家の秦・前漢《ぜんかん》で鋳造
⑥五銖《しゅ》銭（　同　）　前漢（武帝《ぶてい》以降）で鋳造
⑦貨泉《かせん》（　同　）　新《しん》（王莽《おうもう》）で鋳造

青銅器が朝鮮半島に伝播した時期は前一〇世紀頃といわれ、朝鮮中西部の松菊里《しょうきくり》（韓国忠清南道扶余郡）遺跡において、青銅器の製作が始まった確実な時期は前九〜前八世紀頃とみられますが、前五世紀の弥生前期末葉であれば、朝鮮半島全体に青銅器の普及がありました。

倭国に青銅器が伝播した時期について、以前は中期からとみられていたのですが、最近では前期において次のような青銅関係の出土物がみられます。

○前期における青銅器等の出土物
①和歌山県　堅田（御坊市）　青銅製槍鉋《やりがんな》の鋳型・溶解炉
②福岡県　今川（福津市）　銅鏃《どうやじり》・銅鑿《どうのみ》
③島根県　荒神谷（出雲市）　銅鐸《どうたく》（菱環鈕《りょうかんちゅう》式一）・銅剣（細形二）

④　同　　熊野大社（松江市）銅戈《どうか》（細形一）
⑤兵庫県　二つ石（洲本市）銅鐸（菱環鈕式一）
⑥　同　　神種（姫路市）銅鐸（菱環鈕式一）

①は前期の拠点的環濠集落から出土したもので、前期初頭（前九〜前八世紀頃）のものとみられ、青銅器製作伝播の時期とルートに再考が必要な事態となりました。この結果、朝鮮の松菊里とそれほど変わらない時期に伝播があったということになります。

しかも、ここで出土した溶解炉は、日本書紀に書かれた無戸室《うつむろ》（巻二神代下）である可能性が高いとみられ、直系八〇センチほどのドーム状の窯で、中央に粘土で台座を作り、その上に材料を入れた坩堝《るつぼ》か取瓶《とりべ》を置き、鞴《ふいご》で風を送って溶解したとみられるものです。

現在復元されている溶解炉の多くは、天井の開いている箱型炉だけですが、これでは熱効率が極めて悪いといわざるを得ません。ドーム形であれば燃料の節約と高温が早く得られる長所があります。

②〜⑥は前期末葉に製作されたとみられ、②は中国の遼寧式銅剣を加工したもので甕棺墓《かめかんぼ》から出土、③・⑤・⑥は神祀りを行ったとみられる聖地から出土、④は神社に奉納されたとみられます。③〜⑥は首長個人所有のものではなく、集落所有の祭祀器とみられ、銅鐸祭祀が近畿から始

まったとされるこれまでの説を覆すことになりました。

なお、銅鐸は神を呼び寄せるための楽器で、先にみた土笛《つちぶえ》と同様であり、銅剣・銅戈《どうか》は悪霊を払うためのものとみられます。

鉄器文化の伝播

中国における鉄器の使用は、前八~前七世紀の春秋時代とされ、亀甲《きっこう》・卜骨《ぼっこつ》に甲骨文字を刻む道具を作ったのが始まりでした。そのルーツは銅文化と同じで、北方系と南方系の二ルートから伝わったという見方があります。

中国における製鉄技術の進化には驚くべきものがあります。前六世紀頃の呉《ご》では、高温で焼いた粘土の壁で爆風炉（高炉）を作り、炉の上から原料と燃料を投入し、炉の下から鞴《ふいご》で風を送ることにより、製鉄（鋳造鉄の製造）を行っていました。また、春秋左氏伝《しゅんじゅうさしでん》（左丘明《さきゅうめい》による前五世紀の書）によれば、晋《しん》では前五一三年に鉄の鼎《かなえ》（君主の権威を表すシンボル）を作ったとあります。

朝鮮にいつ頃鉄器が伝わったのか、現在では不明であるといわざるを得ません。確定的なのは、前三世紀頃の衛氏朝鮮《えいしちょうせん》時代にみられる武具・農具・通貨（明刀銭《みんとうせん》）です。

一方、倭国においては前期末葉~中期中葉（前五~前三世紀後葉頃）以降とされる遺跡から、鋳造鉄斧《てっぷ》を切り取って加工したとみられるものの出土があります。朝鮮半島経由で伝来したとみられ、中国東北地方・ロシア沿海地方・朝鮮など北東アジアに広く分布しているものですが、そのルーツは中国戦国時代の燕《えん》（前四〇三～前二二一年　河北省・遼寧省の辺り）にあったといわれています。

その用途ですが、鍛冶炉の遺跡がないことからすれば、鍛冶師の渡来は確認できないので、切り取って加工する、あるいは加熱して鍛造に用いるための原材料としては成立しません。したがって、実際には切り取って加工されたものが、交易に伴う通貨代用品として用いられて倭国内に伝播してきたとみられ、支配者層の威信材であった可能性は否定できないでしょう。

○鋳造鉄斧の出土数（前期末葉～中期中葉）

九州	福岡県	二〇	佐賀県	六	長崎県	一
	大分県	二	熊本県	五		
中国	山口県	三	広島県	二	鳥取県	一
四国	愛媛県	一				
近畿	兵庫県	一	京都府	二		

なお、縄文晩期ないしは弥生早期の時代（前一〇〇〇～前八〇〇年頃）とみられる長崎県の小原下《こばるしも》（島原市）から、鉄滓《てっさい》（製錬で残った滓《かす》）が出土しています。しかし、中国に鉄器文化が到来したのは、前八〇〇～前七〇〇年以降とみられることから、年代想定の誤りか、後世の遺物が紛れ込んだかのいずれかでしょう。

ガラス文化の伝播

中国におけるガラス文化の伝播は、前三〇〇〇年頃、西方のメソポタミアからシルクロードを通じてあったといわれていますが、インド・タイの南方から伝播してきた製法もあるとされています。青銅器製作を盛んに行っていた中国の盤龍城《ばんりゅうじょう》（武漢市）では、ガラスの製造もありました。岡山県の百間川（岡山市）の前期遺構から、ガラスとみられるものが出土しています。これがガラスなのかどうか、もしガラスであるとすれば舶載のガラス塊なのか、それともガラスを製造していたのか結論は出ていません。

先に見たとおり、この時期に和歌山県の堅田《かただ》（御坊市）では青銅の溶解炉があったことからみれば、ガラス製造の可能性が全くないわけではありません。ただし、次章で取り上げますが、鉄器加工のための鍛冶炉があれば話は別です。今後の発掘や研究に託す以外ないでしょう。

第三章　弥生中期

（前四〇〇～紀元年頃）

滋賀県野洲市小篠原の大岩山から出土した
日本最大の銅鐸　　　　（東京国立博物館蔵）

一　大陸の情勢

中国の情勢

前四〇三～前二二〇年中国は戦国時代の戦乱で混乱し、韓《かん》・魏《ぎ》・趙《ちょう》・燕《えん》・周《しゅう》・衛《えい》・魯《ろ》・斉《せい》・宋《そう》・薛《へい》・楚《そ》の一一カ国が滅び、前二二一年秦の始皇帝が初めて広大な国土を統一しました。戦乱で敗れた支配者層や始皇帝の焚書坑儒《ふんしょこうじゅ》によって処罰された知識人の儒者、処罰を見越した道士などは祖国を捨てて縁辺の国々に逃亡し、中には朝鮮半島や日本列島に向かった者がいたと考えられます。しかし、秦はわずか二〇年で終末を迎えました。

前二〇二年農民出身の劉邦《りゅうほう》が、統一国家である漢を建てます。劉邦は北方の匈奴《きょうど》と激しい戦いを繰り返した末に和解し、有力者を地方の諸侯に封ずる旧来型の制度をやめて郡国制に変える、つまり役人として任命する大改革を実施しました。七世紀飛鳥時代の日本が、豪族支配を排除する革命を敢行し、公地公民と官僚の制度を柱とする律令制の改革に踏み出しましたが、その先駆けとなる制度です。

その結果、かつてない中央集権の国家が確立され、前一四一年四代目皇帝となった武帝《ぶてい》の時代には、西はタクラマカン砂漠から東は朝鮮半島まで、北は万里の長城から南はインドシナ半島まで、周辺の国々を征討して国土を大きく拡大しました。しかし、北方の遊牧民族である匈奴の力は強大で、その侵略に忙殺され続けます。

やがて外戚による宮廷内の権力掌握闘争が激しくなり、巨大帝国の前漢に陰りが出てきた前八七年、わずか八歳で五代目皇帝となった昭帝《しょうてい》を支えたのは名臣といわれた霍光《かくこう》ですが、皇帝の威光は薄れました。

前五四年前漢の強敵であった匈奴が東西に分裂し、前三六年東匈奴が前漢と同盟を結んで西匈奴を滅ぼします。

朝鮮の情勢

前一九四年以前の朝鮮半島の歴史は明確ではありません。はっきりしているのは、中国の一大混乱期であった春秋戦国時代に敗れた者が逃げ込む、あるいは北方の遊牧民などが南下し、略奪をはたらく場所になっていたということです。もちろん朝鮮にも先住民はいますから、そのあおりで混乱していたことは間違いないでしょう。

前一九五年燕《えん》王の盧綰《りょわん》が前漢の郡国制に抵抗して匈奴に亡命したとき、家臣の衛満《えいまん》は一千余人の亡命者を引き連れて朝鮮に亡命しました。史記によれば、燕はそれ以前から朝鮮を支配していたというのですが、漢に都合のよい創作とみられ、中国人による支配は衛満による衛氏朝鮮《えいしちょうせん》が初めてとみられます。ただし、非漢民族の者が山西省や山東省方面から逃亡して移住していたことは、上記のとおりです。

前一四一年前漢の武帝《ぶてい》のとき、朝鮮は衛満の孫の右渠《うきょ》になっていましたが、前漢から多くの亡命者があって朝鮮は混乱しました。

前一二八年衛氏朝鮮の過酷な使役に抵抗した濊君南閭《かいくんなんりょ》が、二八万人を率いて遼東郡に降ると、武帝は新たに滄海《そうかい》郡を置いて（場所は北部の日本海側とみられます）彼を封じようとしたのですが失敗します。

前一〇九年武帝は匈奴と手を組もうとする衛氏朝鮮を討つこととし、山東半島から渡海する水軍七千人と遼東郡から進む陸軍四万三千人合わせて五万人の軍勢で攻め、朝鮮の右渠はこれを迎え撃って一旦は破りました。ところが、部下の大臣の中に裏切って内応する者がおり、衛氏朝鮮は滅びます。

前一〇八年武帝は朝鮮に楽浪《らくろう》・臨屯《りんとん》・玄菟《げんと》・真番《しんばん》の四郡を置き、半島の半分以上を支配下に置いたとみられます。ただし、その後は匈奴対策に集中せざるを得なくなって四郡の支配力は弱まりました。

それをみた朝鮮では植民地からの脱却を求めて蜂起し、朝鮮北部の日本海側には高句麗人系の貊《はく》・濊《かい》が、朝鮮南部には馬韓《ばかん》・弁韓《べんかん》・辰韓《しんかん》・倭族の国など小国連合が生まれます。

前八二年臨屯・真番の二郡が廃止され、その一部が楽浪郡と玄菟郡に編入されます。

前七五年玄菟郡の一部は遼東郡に吸収され、鴨緑江中流域は高句麗人が支配するところとなり、前五〇年頃高句麗が建国されたとみられます。

二　水田稲作の進展

西日本

前期のスイトウ栽培は河川の河口付近にある低湿地の微高地に立地していましたが、中期になると河川中流域の盆地にみられる扇状地にも遠賀川《おんがかわ》式土器を伴って波及し、集落の水田面積は各地で拡大しました。こうした土地は水に恵まれた所で、縄文時代から集落のある所と重なり、下流域の集落との交流の中から、スイトウ栽培を学んだとみられます。

中期中葉になると平野の中央部にあった集落は廃絶もしくは縮小され、山麓寄りの丘陵地や山腹に新たな集落が築かれるようになりました。このような対策を高地性集落の出現と併せて、争乱対策のためと位置づける向きもありますが、たびたび洪水の被害にあってその防止対策を講じたとみられるものです。こうした動きは西日本に限らず東日本でもみられるもので、大洪水のあった後期になると一層明確となりました。

太宇は前期の小規模集落が大規模な拠点集落に発展した所です。

○集落遺跡の事例

九州　福岡県　那珂・比恵（以上福岡市）、東小田七坂（筑前町）
大南（春日市）、光岡長尾（宗像市）、大碇（うきは市）
上の原（朝倉市）、若山・北松尾口（以上小郡市）
貝元（筑紫野市）、猪の谷（北九州市）
佐賀県　千塔山（基山町）、吉野ヶ里（吉野ヶ里町・神埼市）
長崎県　唐神・原の辻（壱岐市）
大分県　安国寺（国東市）、下郡桑苗（大分市）、森山（中津市）
宮崎県　下郷・石ノ迫第二（以上宮崎市）、高田（都城市）
熊本県　神水（熊本市）、梅ノ木（菊陽町）
鹿児島県　西ノ丸（鹿屋市）
中国　山口県　綾羅木郷（下関市）、岡山（周南市）、中村（美祢市）
突抜・宮ヶ久保・朝田墳墓郡（以上山口市）、井上山（防府市）
広島県　溝口四号・西本六号（以上東広島市）
岡山県　清水谷（矢掛町）
島根県　西川津（松江市）、下古志（出雲市）、古八幡付近（江津市）
垣の内（雲南市）

鳥取県　宮尾（南部町）、後中尾（倉吉市）、西高江（北栄町）
　　　　青谷上寺地（鳥取市）

四国
愛媛県　久米高畑・来住Ⅴ・祝谷高畑・斎院烏山（以上松山市）
香川県　竜川五条（善通寺市）、鴨部川田（さぬき市）
　　　　久米池南（高松市）
高知県　田村（南国市）
徳島県　庄蔵元（徳島市）、光勝院寺内（鳴門市）

近畿
兵庫県　下加茂（川西市）、田能（尼崎市）
　　　　玉津田中・新方（以上神戸市）、溝之口（加古川市）
　　　　国分寺台（姫路市）、川島（太子町）、寄居（たつの市）
　　　　七日市・梶原（以上丹波市）、下内膳（洲本市）
京都府　太田（亀岡市）、日吉ヶ丘・須代（以上与謝野町）
　　　　扇谷・途中ヶ丘・浦明（以上京丹後市）、
滋賀県　**下之郷**・ニノ畦横枕・服部（以上守山市）
　　　　下鈎（栗東市）
大阪府　**池上・曽根**（以上和泉市・和泉大津市）
　　　　亀井（八尾市）

奈良県　唐古・鍵（以上田原本町）
和歌山県　宇田森（和歌山市）

大規模集落はいずれも防御施設である水堀や空堀を廻らした環濠集落ですが、中でも佐賀県の吉野ヶ里《よしのがり》（吉野ヶ里町・神埼市）は、弥生時代を通じて最も大きな集落とみられます。また、滋賀県の下之郷《しものごう》（守山市）の場合は三条から九条もの堀を廻らしていました。外部から攻撃の恐れが多分にあったのでしょう。こうした大環濠集落は、交易とものづくりの拠点集落でもあったと考えられます。

大規模集落に共通してみられるのは、時代を経るに従って外側に堀の区界を広げて拡大したこと、内側にある特別区界の中に大勢の人を集めて祭祀を行ったとみられる大型掘立柱建物を有していることです。なお、濠の形は九州がV形、近畿はU形、中国・四国はこれらが混在する形となっていました。

また、集落では増加する人口を抑制して支配地を拡大するため、スイトウ栽培の指導者集団を組織し、未開発である東日本や北日本に移住させ、水田稲作の普及を図っていたと想定され、東日本に拠点的な環濠集落ができたのはその証しといえるでしょう。

東日本

前期から続く濃尾平野のスイトウ栽培は、遠賀川式・遠賀川系の土器を伴って中部、関東方面に拡大します。ただし、もともと優れた土器を生産していた愛知県の朝日（清須市・名古屋市）では、縄文系（条痕文式《じょうこんもん》）の土器形式が中葉まで継続し、遠賀川系の普及はそれ以降となりますが、拠点的集落に成長しました。また、中期末に環濠とともに逆茂木《さかもぎ》・乱杭《らんぐい》を設けたのですが、その目的は木曽川の洪水から集落を守るため、つまり堤防の強化のためであって、敵の侵入を防ぐためではなかったとみられます。

○遠賀川式・遠賀川系の土器出土遺跡事例

北陸　福井県　荒木（福井市）、
　　　石川県　八日市地方（小松市）、吉崎・次場（以上羽咋市）
　　　富山県　正印新（上市町）、石塚（高岡市）
東海　愛知県　瓜郷（豊橋市）、見晴台（名古屋市）
　　　静岡県　瀬名（静岡市）
中部　長野県　林里（豊丘村）、松原（長野市）
　　　新潟県　新穂（佐渡市）、緒立（新潟市）
関東　神奈川県　大塚・朝光寺原（以上横浜市）、砂田台（秦野市）

千葉県　宮ノ台（茂原市）

中期前葉まで中部・関東におけるスイトウ栽培の広がりは、それほどではなかったとみられます。その理由が関東ローム層に見られる火山灰の多い土壌にあったことは、前章で指摘したとおりです。しかし、中葉になると寒冷地に強い早稲の新品種が、遠賀川式・遠賀川系の土器とともに水田を保持しやすい河川の中流域や上流域の沼沢地、あるいは盆地に広がりました。

東海道方面では静岡県から千葉県の辺りまで伝播していますが、その一つである神奈川県東部の鶴見川流域では、台地に多くの環濠集落が築かれ、その代表的な事例が大塚・歳勝土《さいかちど》（以上横浜市）で、環濠集落と墓地が完全一体で出土しています。

大塚の集落は丘陵地に水堀と土塁を備え、中心に大型の住居、北西に高床倉庫、二〇棟前後の竪穴住居、付属の掘立建物などがあって、一〇〇人ほどが暮らしていた集落とみられます。また、周辺には六、七棟の分村的集落が点在し、大塚の東八〇メートルの所にある歳勝土には八～一三メートルの方形周溝墓が二五基あって、歴代の首長やその補佐クラスが埋葬されたと考えられています。

こうした手の込んだ防御施設を備えた大塚のような集落が、先住の縄文系の人々によってつくられたとは思えませんから、近畿もしくは濃尾平野から移住して拠点をつくり、周辺に住む先住民の集落にスイトウ栽培を指導していたのでしょう。さらに大塚の指導者は流域の各地に分散し、彼らもまた周辺の先住者を指導しながら集落づくりに励んだものと解されます。

北陸方面では、石川県の八日市地方《ようかいちじがた》（小松市）と吉崎《よしざき》・次場《すば》（以上羽咋市）が代表的な拠点集落であり、ここから日本海側の北方地域に伝播したと考えられています。

中期中葉に本格的なスイトウ栽培が導入されたのは、中部方面でも同じです。伝播のルートは木曽川（東山ルート）・天竜川（東海ルート）・千曲川（北陸ルート）の三方向があります。

北陸ルートにある長野県の松原（長野市）は、千曲川と支流の蛭《ひる》川によって形成された自然堤防にある環濠集落で、堀は大きいもので四メートルの幅を有し、五五〇棟を超える住居跡がありました。この集落は中期末に埋没して一旦終息しますが、この地域の拠点集落であって、その規模は神奈川県の大塚とほぼ同程度であったとみられます。

○集落遺跡の事例

北陸　石川県　西念南新保（金沢市）、東的場タケノハナ（羽咋市）
杉谷チャノハタケ（中能登町）、八日市地方（小松市）
吉崎・次場（以上羽咋市）

東海　岐阜県　宮塚（各務原市）
愛知県　平手町（名古屋市）、朝日（清須市・名古屋市）
阿弥陀寺（あま市）、猫島・伝宝寺野田（以上一宮市）

瓜郷（豊橋市）

静岡県　伊場（浜松市）、西通北（静岡市）

中部　長野県　松原（長野市）

新潟県　山元（村上市）

関東　神奈川県　大塚・朝光寺原・析本西原・網崎山・権太原（以上横浜市）

中里（小田原市）、西方A（茅ヶ崎市）、砂田台（秦野市）

東京都　飛鳥山（北区）

埼玉県　池上（熊谷市）、花ノ木（和光市）

千葉県　国府台（市川市）、草刈・大厩・台・根田代・南総中・潤井戸西山・南岩崎（以上市原市）、戸張作（千葉市）

大崎台（佐倉市）、田原窪（八千代市）、道庭（東金市）

根形台（袖ヶ浦市）、鹿島台（君津市）

茨城県　屋代B（龍ヶ崎市）

群馬県　清里庚申塚（前橋市）、中村（渋川市）

北日本

北日本では以外にも関東北部より先にスイトウ栽培が始まります。伝播のルートは北陸から日本海を北上、南関東から太平洋を北上の二ルートがあったものとみられます。

○遠賀川系土器・水田遺構の出土遺跡事例

福島県　南御山（会津若松市）、荒屋敷（三島町）、番匠地（いわき市）
　　　　鳥内（石川町）
山形県　生石（酒田市）
宮城県　富沢・高田・中在家南・枡形囲（以上仙台市）、山王囲（栗原市）
秋田県　地蔵田（秋田市）、宇津ノ台（大曲市）
岩手県　反町（奥州市）
青森県　砂沢（弘前市）、垂柳（田舎館村）、宇鉄（今別町）
　　　　瀬野・江豚沢（以上むつ市）、是川中居（八戸市）

現時点において北日本で最も古い水田遺構が出土した青森県の砂沢《すなざわ》（弘前市）は、北緯四〇度を越えたところにあって、中国の北京市や北朝鮮の平壌市よりも北にあります。中期前葉に北陸ルートで伝播されたスイトウ栽培とみられ、岩木川中流域の左岸、岩木山麓北東の丘陵地にあります。一枚六〇～七〇平方メートルの水田跡が六枚、弥生系（遠賀川系）と縄文系（大洞《おおぼら》式）の土器が出土し、弥生系の土器には籾痕《もみこん》がありました。

この地が早くからスイトウ栽培を導入したかげには、全国的な市場《いちば》網のつながりから生まれた「貝の道」といわれる交易ルートがあり、沖縄などの南海から北九州まで、北九州から日本海沿岸を北上して北海道南部にまで達していました。しかも、そのルート上には中部・北陸・近畿にまで強い影響力のあった青森県津軽地方の亀ヶ岡式土器（前一〇〇〇～前三〇〇年頃）があり、広域的な交流・交易の源泉となっていた可能性は極めて高かったとみられます。

これに続く青森県の垂柳《たれやなぎ》（田舎館村）は、岩木川の支流浅瀬石川左岸の沖積台地にあって、三ヘクタール弱の水田跡が四カ所、一枚一〇平方メートル前後の水田六五六枚が検出され、田舎館《いなかだて》式土器（縄文系の亀ヶ岡式と弥生系の遠賀川系をミックスした独特の様式）や木器・石器・勾玉・炭化米などを出土しました。

秋田県の地蔵田（秋田市）は、雄物川下流域の左岸にある舌状台地につくられた集落で、木柵に囲まれた環状集落の中に四棟の竪穴住居と中央に広場があり、ここから一〇メートルほど離れた所には木柵で囲まれた墓地があり、土坑墓五一、土器棺墓二五が検出さています。ここで注目されるのは、集落のつくられた所が砂丘地帯であったことから、水堀や空堀ではなく木柵で囲っていたことです。当時の人々は土質や水源に応じて、水堀・空堀・土塁・木柵の使い分けをしていたことがわかります。

宮城県の富沢《とみざわ》（仙台市）は二〇ヘクタールを超える水田遺構があるとみられ、広瀬川と名取川に挟まれた中流域の沖積台地にあります。小区画の水田が方形に連なり、用水路がなくて排水路があることから、灌漑の必要がない湿地帯につくられ、河川の移動とともに栽培地を移動させていたとみられます。灌漑施設を設けない初期の水田としては、宮崎県の坂元Ａ（都城市）があります。富沢の東側にある西台畑《にしだいはた》（仙台市）には集落があったとみられ、遠賀川系土器が出土しました。

北日本のスイトウ栽培が遅れた原因は、寒冷な気候とともに火山灰の土壌が多いことから、栽培が不安定あるいは不適であったことがあげられ、その上人口は少なく土地は広大なので、伝統的な狩猟・漁労・採集に依拠する方が安全であったとみられます。

しかし、早期に瀬戸内で生まれたとみられる新品種が、遠賀川式・遠賀川系の土器とともに日本海側と太平洋側の二ルートを北上して伝播したものとみられ、おそらく北陸と南関東の拠点集落から指導者が移住したことによるものでしょう。ただし、その普及地は少数であって、全体としては縄文時代から続く狩猟・漁労・採集が主体となり、雑穀・ムギ・リクトウの栽培がそれを補っていたとされ、東日本のような急速な普及はみられません。

三　青銅器文化の拡散

青銅器の製作

青銅器の製作のような新技術の伝播に、指導者として渡来人を欠かすことができないのは、スイトウ栽培と同じことでしょう。初めは銅剣《どうけん》・銅矛《どうほこ》・銅戈《どうか》・鉋《かんな》・小銅鐸《しょうどうたく》といった簡単なものだけが作られ、多鈕細文鏡《たちゅうさいもんきょう》・鈴《すず》・斧《おの》・鑿《のみ》といった複雑なものは朝鮮から舶載されたとみられます。

しかし、北九州ではこの当時の首長クラスが埋葬されたとみられる甕棺墓《かめかんぼ》の中に、銅矛・銅鏡・玉といういわゆる三種の神器が既にあって、銅鏡は専ら舶載であったことから、玄界灘に面した面上《おか》国（後の伊都《いと》国）や奴《ぬ》国に先占されるという問題がありました。これに遅れをとるまいとした和歌山県・佐賀県・熊本県・奈良県の首長らは、朝鮮から工人を移住させ、現地における直接生産に踏み出したとの見解があります。

銅剣類や銅鐸などの銅器は、銅（融点一〇八四度）・錫（融点二三二度）・鉛（融点三二八度）・亜鉛（融点四二〇度）の合金である青銅や赤銅からできているものですが、合金の方が硬くて丈夫な上に、鋳型に流したとき流れやすいという利点があります。

しかも、光り輝いていることから、その製作地にはカガ（加賀）・カグ（香久）・カゴ（鹿児）の付く地名が生まれたと考えられます。なお、銅鉱を採取する土地には、カル（軽）・カリ（刈）・コリ（凝）の付く地名があります。

弥生時代の代表的な大規模集落である佐賀県の吉野ヶ里《よしのがり》（吉野ヶ里町・神埼市）から出土した遺物で注目されるのが、坩堝《るつぼ》・鞴《ふいご》の羽口《はぐち》（送風管）で、鞴は鍛冶炉や溶解炉に使うものです。これまでは五世紀の中期古墳時代に伝わったとされていましたが、この時代にあったことがわかりました。その様式は板で作った箱型のものではなく、動物の皮で作った原初的なものであったとみられています。

また、羽口の先だけが高熱を浴びていたということは、石か土で作られた炉があったことを示しています。坩堝《るつぼ》や取瓶《とりべ》という土器を炉の中に入れて行う銅の溶解は、大型のものを製作するのは困難ですが、小型のものは可能です。

さらに注目されるのは、前章でみたとおり和歌山県の堅田《かただ》（御坊市）から青銅製槍鉋《やりがんな》の鋳型や溶解炉が出土したことに伴い、近畿に伝わったのが九州よりやや早いか、ほぼ同時期であったということ、銅器加工の工人が朝鮮から渡来するのに、商人である海人が係わっていたことが明らかになったことです。

銅矛・銅戈・銅剣文化圏

従前の教科書では、前期末から中期初めにかけて銅矛《どうほこ》・銅戈《どうか》・銅剣《どうけん》・多紐《たちゅう》細文鏡《さいもんきょう》が北九州に伝来し、九州中北部から四国西部にかけての地域に銅剣・銅矛の文化圏がみられるということでした。

しかし、今日では九州中北部から中部の長野県北部地域にまで広がり、中でも一九八五年から翌年にかけて島根県の荒神谷《こうじんだに》（斐川町）から、前期～中期の銅剣三五八本・銅矛一六本が出土し、これまで全国で出土した銅剣総数を上回るものであったことから、出雲《いずも》における銅剣類の生産が注目されるところとなっています。しかも、出雲では前期末葉から銅剣・銅矛を用いた青銅器の祭祀があって、中期ではこの祭祀が各地に広がっていました。

出雲における青銅器を用いた祭祀は、神聖視された特別な場所にそれを埋納し、祭祀のときだけ取り出すものであったとされ、集落や王国が取得した共有物であるとみられることから、近畿や東日本における銅鐸祭祀と共通の関係にあります。

したがって、紀元前後の中期末に大量に埋納した出雲の大首長は、多くの集落を従えた王国の王であって、中心地は出雲大社の辺りにあったとみられ、出雲風土記《いずもふどき》にいう大国主命《おおくにぬしのみこと》の名にふさわしいといえるものでしょう。

一方、北九州における銅矛《どうほこ》・銅戈《どうか》・銅剣の出土地は、中期前半までは首長などを埋葬した棺墓《かんぼ》ですから、個人の所有物であるとの観念が強かったことは明らかで、権力の上層にある者ほど多く埋納されていることから、侵略を防止するため軍事力を誇示する威信財であったとみられています。

ところが、中期後半以降に大量生産されるようになると、集落や国の共有物として祭祀に使われ、神聖視された特別な場所に埋納されるという風に変わってきます。おそらく、出雲や近畿方面の影響があったことによるものでしょう。

また、銅剣は実戦用で銅矛は祭祀用であったともいわれてきましたが、出雲ではいずれも祭祀具であり、北九州では①銅矛・②銅戈・③銅剣の順番で価値に序列があったものの、西日本各地の集落や国では、それぞれが独自の価値観を持って青銅器を選択していました。

こうした青銅器祭祀の流れをみたとき、朝鮮で作られた銅矛・銅戈・銅剣が北九州に伝わり、四国西部にまで広がったとする見方は成立しなくなったとみられ、朝鮮から渡来した工人により、複数の地域で製作されたものが各地で導入されたとの新たな説が生まれています。

様々な銅器が作られた背景ですが、食糧に余剰分が生ずるとそれに見合う人的余剰が生まれ、分業が起こってものづくりが盛んになります。ものづくりの盛行は、集団と集団の間に交易・交流の増大を促しました。

その一方では開墾地の拡大、水田の水利、森林の確保、交易の拡大などに伴う争いごとが多くなり、時には戦いが起きます。その結果、集団間にも階層序列ができ、上位となった集団から王が生まれ、国が生まれたとみられます。

各集落に遺された当時の墓地は、こうした変化の過程をよく体現しているとみられるものです。なぜなら、埋葬された銅剣類の数に違いがあり、墓地の形状にも違いがみられるのは、集団の構成員に身分差が生じたこと、集団間にも階層序列ができたことを示しているからです。
代表的な事例をみてみましょう。福岡市西部の室見《むろみ》川中流にある吉武《よしたけ》の墓地群（福岡市西区）は、前期末から中期後半にかけて早良《さわら》平野を支配する早良王国ともいえる様相を呈していました。

①高木地区

出土物からみて、シャーマンの王・政事統括者の摂政・軍事統括者の武人とその家族を埋葬した墓域とみられます。

甕棺墓《かめかんぼ》三四、木棺墓《もっかんぼ》四、土坑墓《どこうぼ》一三

甕棺墓と木棺墓から細形銅矛一、細形銅戈一、細形銅剣九、多鈕細文鏡《たちゅうさいもんきょう》一、銅釧《どうくしろ》二、ヒスイ勾玉・碧玉《へきぎょく》管玉が出土

②大石地区

出土物からみて、王に従う幹部（戦士）とその家族を埋葬した墓域とみられます。

甕棺墓二〇二、木棺墓八、土坑墓一三、祭祀遺構五

甕棺墓と木棺墓から銅矛・銅戈・銅剣合わせて一一、少量の玉類、体に突き刺さった磨製《ませい》石剣《せきけん》・磨製石鏃《ませいせきぞく》が出土

③東入部・野方・有田・飯倉など八地区

出土物からみて、王に従う小集落の長と集落民を埋葬した墓域とみられます。

墓地遺跡から一～二の銅剣出土

銅鐸文化圏

銅剣類の伝来と同時期に銅鐸《どうたく》がみられます。従前の教科書では、前期末から中期初めにかけて近畿地方に近畿式銅鐸圏が、東海地方に三遠式《さんえん》銅鐸圏があるということでした。

しかし、九州では銅鐸祭祀はなかったものの小銅鐸があり、島根県では多くの銅剣・銅矛を出土した荒神谷《こうじんだに》（斐川町）から銅鐸が六、加茂岩倉（雲南市）から三九という大量出土があって、出雲における銅鐸祭祀が注目され、銅鐸が近畿から始まったとするこれまでの説は、修正を余儀なくされました。

結局、祭祀具としての銅鐸は中国・四国から関東まで分布が広がり、その作成時期は前期（祭祀具として音を聞く銅鐸）から後期（祭祀具として見る銅鐸）に及んでおり、時代順にみれば次のようになります。

○祭祀具銅鐸の製作時期・形式・出土地・出土点数

①前期末葉

菱環鈕式《りょうかんちゅう》（聞く銅鐸）

島根県二、兵庫県摂津一、兵庫県淡路一の計四

②中期前半
外縁付鈕式《がいえんつきちゅうしき》(聞く銅鐸)
島根県三七、兵庫県摂津一二、奈良県七、兵庫県淡路五、香川県四などで計九九
③中期後半
扁平鈕式《へんぺいちゅうしき》(見る銅鐸)
徳島県二二、兵庫県摂津一四、和歌山県一三、大阪府河内一一、島根県一〇
香川県七、奈良県六などで計一二六
④後期
突線鈕式《とっせんちゅうしき》(見る銅鐸)
静岡県遠江二七、滋賀県二二、和歌山県一四、愛知県三河一一、徳島県八
兵庫県摂津七、奈良県五などで計一四二

複数の地域で製作されたものが各地で導入され、中期中葉の頃までは楽器のように音を鳴らすものでしたが、中期後葉から後期になると次第に大形化し、祭祀具として見るというふうに機能が変わりました。機能の転換は銅剣類と同じであって、銅鏡が普及する以前の重要な祭祀具であったことは明らかです。今後発掘が進めば出土数がさらに増加することは確実でしょう。

なお、山陰・瀬戸内における銅鐸祭祀は中期が盛んで後期は減少しているのに対し、近江《おうみ》・三《み》

河《かわ》・遠江《とおとうみ》では後期に盛んとなりました。

銅鐸には上から吊るすための取手があって、内側の中央上面に棒状のもの（舌《ぜつ》）をひもで吊るし、銅鐸が揺れると鈴のような音を出したとみられ、その始まりは朝鮮から伝わった馬鐸《ばたく》（馬に付けて音を出す）であるとの説があります。しかし、佐賀県の潮見《しおみ》古墳（武雄市）から出土した馬鐸は形がやや異なっており、銅鐸は当初から祭祀用の楽器として作られたもので、その始まりは中国にあるのではないでしょうか。

神楽舞いに使う鉦《かね》や太鼓のように、集落における祭りのときに打ち鳴らす楽器として使用されたものでしょう。中国の古代楽器の中には、木鐸・竹鐸・土鐸・銅鐸・鉄鐸がありますから、渡来人によってもたらされたと考えられます。

ところが、時代を経るにしたがってその役割は変わっています。シャーマンが金色に輝く特質を利用し、神を象徴する祭祀具として祈りを奉げる対象となり、一村一鐸であったものが、統合によって王国が出現したとき、一カ所に集めて祭祀が行われるようになりました。

青銅器祭祀の場所

青銅器の祭祀はどのようなところで行われたのでしょうか。前期に神祀りが行われた場所の遺跡として、山陰では内区に何もない環濠地がありました。その遺跡事例にあった島根県の田和山《たわやま》（松江市）では、中期になると銅矛・銅弋・銅剣を用いた祭祀が行われたとみられ、次のような変化がみられます。

○島根県の田和山《たわやま》遺跡（松江市）の概要

場所　水田地帯の平野にある独立した丘陵の頂上（標高四六メートル）

東西一四×南北三〇メートル

建物等　頂上の広場に九本の柱を「田」の字形に立てた神殿状の建物

物見櫓《ものみやぐら》とみられる建物と塀

頂上を取り巻く柵列

環壕　V字形の壕を三重の同心円状に設置（中期後葉以降）

環濠の下方　竪穴式建物・掘立式建物を多数配置（中期後葉以降）

出土物　各種の土器・石器（石鏃・石剣・石戈・つぶて石約三千個）

祭祀場になぜ武器とみられる石器を多数用意していたのでしょうか。おそらく、いざというときは団結して戦う意志を固める儀式が行われたことは確実で、そこで用いられたのが各集落から持ち寄った銅矛・銅弋・銅剣で、神殿状の建物では勇壮な歌謡に合わせて舞いが行われたのでしょう。しかもここは武器の保管場所でもあって、常時監視人を置いていたとみられ、後世のヤマト朝廷において、奈良県の石上《いそのかみ》神宮（天理市）が武器保管の役目を負っていたことに通じるものがあります。

一方、鳥取県の角田《かくた》（米子市）から出土した銅鐸に描かれた絵は、弥生中期のものですが、祭祀の風景を描いたとみられる六種類のモチーフを描いた線刻画がありました。

○鳥取県の角田遺跡（米子市）出土銅鐸の概要

①豊穣を託したシカとみられる動物

弥生時代の人々にとってイノシシとシカは重要な食材であり、シカの角は釣り針・鏃《やじり》・銛《もり》・道具の握り手・飾りなど用途の広い原材料だったことから、豊穣を祈る対象になったとみられます。

②鳥装をした者が飾り立てた舟に乗って櫂《かい》を漕《こ》ぐ図

鳥装をしているのはシャーマンに仕える男の下僕《しもべ》（生口《せいこう》）とみられます。

鳥装をしたシカの祭りは、宮城県や岩手県において今でもみられます。踊り手が鹿の装いをし、背には鳥の羽を模した二本の長いササラを立てて踊ることから鹿踊《ししおど》りといい、古代の稲作民が行っていた豊穣祭祀と重なるものです。

③太陽とみられる円形の輪

古代文明の発祥地に共通するものですが、太陽神への祈りは農耕民族の豊穣祭祀に欠かせないものです。

④高いハシゴのかかった家屋

出雲大社の原型ともみられるもので、壷に入れた作物の種子を家屋の祭壇に供え、穀霊(神)に太陽霊(神)の恵みがあるようシャーマンが祈ったとみられます。

⑤高床の神殿とみられる家屋

シャーマンが霊の宿った壷の種子を神殿に供え、改めて豊穣を祈る、あるいは豊穣に感謝する場で、今日の神社であったとみられます。

⑥二個の銅鐸のようなものが吊り下がった広場の樹木

祭祀のとき広場ではシャーマンに仕える男女の下僕(生口)による楽器の演奏や舞いが行われ、銅鐸は神楽舞いで鳴らす鉦《かね》のように鳴らすものであったとみられます。

農耕民族が太陽霊(神)を祀るのは世界共通のものですが、第一章で取り上げた中国浙江省河姆《かぼ》渡《と》遺跡から出土した象牙片に、太陽を抱いた鳥が描かれています。島根県津和野町の弥栄《やさか》神社では今も鷺の舞いがあり、各地にみられる神楽にも鳥舞いがつきものです。鳥装の風俗は神官の着衣である烏帽子《えぼし》直垂《ひたたれ》に変化していますが、元を質せば古代における太陽と鳥の信仰に行き着くといわれています。

国産銅鉱の使用

従前の教科書では、国産の銅鉱が発見されたのは七〇八（和銅元）年に武蔵国秩父郡黒谷（埼玉県秩父市）から献上されたものが初めてであるとされていますから、それ以前のものは全て朝鮮産か中国産ということになります。

しかし、それは和同開珎《わどうかいちん》という銭貨に用いた初めての銅という意味であって、銅鉱石の初産ではなかったと解されます。日本はかつて世界有数の銅鉱山があった国ですから、古代において地表に露出していたものがあるのは当然であって、その採取は弥生時代から行われていたとみられます。

銅鉱の採取と加工に関係しているとみられるのが、記紀に書かれた新羅《しらぎ》の王子である天日槍《あめのひぼこ》伝説、あるいは加羅《から》の王子である都怒我阿羅斯等《つぬがのあらしと》の伝説です。前者は、朝鮮の新羅国→倭国の播磨《はりま》国→近江《おうみ》国→若狭《わかさ》国→但馬《たじま》国と移動し、後者は朝鮮の加羅《から》国→倭国の越前《えちぜん》国→長門《ながと》国→出雲《いずも》国→豊後《ぶんご》国へと移動したというものです。

それが合っているのかどうか、大半は廃山となりましたが、青銅や赤銅の原材料となる銅鉱・錫鉱・鉛鉱・亜鉛鉱を産出した国内の鉱山数を見てみましょう。なお、参考まで鉄鉱・砂鉄についても付記します。

○銅鉱・錫鉱・鉛鉱・亜鉛鉱・鉄鉱・砂鉄の鉱山数

（木下亀樹『原色鉱石図鑑』一九五七年、保育社／松原聰『日本の鉱物』二〇〇三年、学習研究社）

		①銅鉱	②錫鉱	③鉛鉱	④亜鉛鉱	⑤鉄鉱	⑥砂鉄
九州	福岡県	五				三	一
	長崎県			三	三		
	大分県	三	三	一		一	
	熊本県	四				五	
	宮崎県	五	二	一	一	一	
	鹿児島県	二		一	一		一
中国	山口県	一四	二	三	四	二	
	広島県	八		六	六	五	
	岡山県	一九		六	五	六	
	島根県	一八		一〇	七		二
	鳥取県	三		二	二		二
四国	愛媛県	一四		一	一	三	一
	高知県	七				四	
近畿	兵庫県	一五	二	九	五	一	
	大阪府	三					

	京都府	四		一	二		
	滋賀県	五		一	一		
	奈良県	二〇		五	二	七	
	和歌山県	六		一	一	四	
	三重県	一	一	一	一	二	
北陸	福井県	四		二	二	一	
	石川県	八		四	二	一	
	富山県	一		一	一		
東海	岐阜県	五	一	五	五	一	
	愛知県	一					
	静岡県	六		一	二	一	
中部	山梨県	二		二	二	一	
	長野県	三		一	一	九	
	新潟県	一四	一	一〇	八	二	一
関東	神奈川					一	
	埼玉県	一		一	一		
	千葉県						三
	茨城県	三		一	一	二	

	栃木県	一三	二	四	三		
	群馬県	三		三	三	二	
東北	福島県	一三		八	八	九	二
	宮城県	六		七	七	一	一
	山形県	二〇		一一	一三	四	一
	秋田県	四二		三一	三〇	四	
	岩手県	二一	一	八	一〇	一六	
	青森県	一三		七	九	六	八
北海道		一九	二	一七	一七	一五	七

これによりますと伝説地には全て銅があり、しかも但馬・播磨（兵庫県）と長門（山口県）には錫・鉛・亜鉛があり、豊後（大分県）には錫・亜鉛があるので、青銅や赤銅を製作するのに適していたとみられます。

また、西日本で銅山が多いのは島根県・岡山県・奈良県で、錫が手に入れば青銅の製造は可能であり、後期に作られた銅剣や銅鐸が数多く出ていることと一応は符合します。

しかし、大型製錬炉の遺跡が国内では出土していないことからみれば、採取された銅鉱等の大半は国内では使用されず、重要な交易物品として朝鮮に運ばれ、青銅器と交換していた可能性が高いとみられます。

なお、東北地方の銅・鉛・亜鉛は桁違いに多いことから、数百年後のエミシの進出と符号します。北海道は銅・錫・鉛・亜鉛に恵まれているものの、寒冷地で食糧生産が少なかったことから、渡来人の鍛冶族エミシが進出したところは、石狩川下流地域・千歳川流域、積丹《しゃこたん》半島付近の限られた地域で、中でも積丹《しゃこたん》半島での採取とみられる錫で作られた釧《くしろ》が、東北地方の古墳から出土しており、錫が東北に運ばれていたことは確実とみられます。

四　鉄器文化の拡散

中期前葉における鉄器加工

中期になると中国戦国時代の燕《えん》（河北省・遼寧省の辺り）にルーツがあるとされる二条突帯斧《にじょうとったいおの》（木柄を付ける部分を二条の帯溝にして抜け落ちないようにした斧）が入ってきました。

初めに伝来したのは福岡県ですが、玄界灘沿岸（福岡市・糸島市など）よりも、筑後川中流域（小郡市・朝倉市など）の周辺地域に多くみられ、鋳造鉄斧を鍛造加工することが盛んに行われていました。鍛造には大量の木炭を必要とするため、その入手に便利な場所を選んだとみられます。

したがって、この時期になったとき大陸から鉄鍛冶師が渡来したとわかります。また、こうして作られた鍛造鉄器は当初血縁・地縁で分配されたものの、支配層が独占したわけではなく、やがて市場に出して一般人に売却され、使用して破損したものは回収して切取り分割し、他の鉄器に作り変えるなど最後まで徹底的に使用しており、石器と違って重宝な道具であることは誰もが認めたことでしょう。

ここから窺われるのは、北部九州に渡来した鉄鍛冶師は首長のお抱え専用ではなく、一定の距離が置かれていたということで、そのことが短期間に生産や販路の拡大をもたらしたとみられます。

○中期前葉の鋳造鉄斧出土数（奈良文化財研究所の二〇一三年データ）

九州　福岡県二二　筑紫野市二、筑前町二、小郡市六、朝倉市二
うきは市三、飯塚市一、嘉麻市一、北九州市三
行橋市一、上毛町一
佐賀県　一　吉野ヶ里町一
長崎県　一　壱岐市一
熊本県　二　熊本市二

中国　山口県　二　下関市一、周南市一

広島県　一　北広島町一

近畿　大阪府　二　東大阪市一、八尾市一

分布を見ますと福岡県が圧倒的に多く、中国・近畿は少ないことがわかります。当時、鉄斧の大半が北部九州に運ばれ、そこから倭国内に分散供給されていたことは否定すべくもありません。交易に伴う通貨代用品でもあったので当然のことです。また、中国における製鉄工房の生産量には当然限界があり、大陸で戦争が起きれば船載が減り、平和であれば増加するという変化もあったことでしょう。

いずれ交易に伴う入手ですから、北部九州が有利だったのは、単に距離的に近いというだけではなく、倭国内から有利な対価物を集めることができたということもあるのですが、その対価物とは生口《せいこう》という奴隷であったとみる説があります。

一〇七年の後漢に対する朝貢において、一六〇人もの生口を献上したことをその根拠とみているからでしょう。しかし、生口とは単なる奴婢《ぬひ》や奴隷ではなく神やシャーマンに仕える下僕のことで、舞楽を行う者とみられることからその説は採り得ません。中期以降において盛んに行われた各地の交易や生産物から見て、次の三種が考えられます。

①玉類

生産の伝統は縄文時代から続くもので、原石加工を主体とする山陰・北陸、ガラス加工を主体とする九州が特に盛んであり、上流層の装飾品あるいは呪具として重要なものでした。

②貝類・珊瑚・真珠

生産の伝統は縄文時代から続くもので、南海から北海道に至る「貝の道」があり、熊本県宇土半島付近での加工が特に盛んであり、上流層の装飾品あるいは呪具として重要なものでした。

③銅鉱・鉄鉱・砂鉄・マンガン鉱などの金属資源

中国の青銅生産や製鉄は世界の先端を行く技術を有し、また次項でみるとおり前漢の時代から鉄を国家専売制にしたことに伴い、三韓や倭国など周辺国産の鉄資源が相対的に有利な状況となりました。

漢の国家専売制度

古代の中国では前章でみたとおり、世界の先端を行く爆風炉（高炉）製鉄を行っており、一つの爆風炉で製鉄を行うのに、約二〇〇人の労働者が必要であったことなどが知られています。しかし、こうした技術が朝鮮や日本に伝わることはありませんでした。なぜなら、富国強兵策を競っていた春秋戦国時代にあって、製鉄や鍛鉄は最重要の国家機密事項だったからです。

その上、前漢の武帝の時代は戦争続きで国家財政が膨大な赤字となっていたことから、塩・酒・鉄を国家専売事業に切り替え、後漢《ごかん》になって酒は除外されたものの、塩・鉄は継続となり、後世の歴代王朝にあってもこの方針は変わりませんでした。なお、三〇年頃の後漢では爆風炉製鉄の鞴《ふいご》を動かすのに、水車を用いるという画期的な発明があります。

朝鮮に鉄器文化が伝わったのは前三世紀の衛氏《えいし》朝鮮《ちょうせん》の頃、通貨・武器・農具が主で戦国時代の燕《えん》や斉《せい》から、移住民が持ち込んだといわれています。しかし、本格的な鉄器文化が移植されたのは、前一〇八年に前漢の武帝が楽浪《らくろう》・臨屯《りんとん》・玄菟《げんと》・真番《しんばん》の四郡を置いたときからです。当時は鉄文化の最盛期にあり、東夷政策の中心地であった楽浪郡は、周辺諸国に対し大きな影響を与え続けました。

中国の山海経《せんがいきょう》（著者・年代ともに不詳）や菅子《かんし》（前七世紀の管仲著）によれば、古代の中国には三九六〇カ所の鉄鉱山があったといいます。中でも多かったのは、陝西・山西・河南・湖北の方面でした。

前漢が鉄器を国家専売事業としたとき、全国四九カ所に鉄官という役所を置き、鉄鉱山は全て皇帝の所有物とし、民間の事業者にそれを貸与するという仕組みがつくられました。その代償として販売額の約三〇パーセントを徴収していたというのですから、年々膨大な国家収入があったとみられます。ただし、民間の事業者にとってこの制度がやる気を失う元になったことは容易に想像がつくでしょう。

この当時販売された鉄器には、不純物が入ったままの鋳鉄（黄鉄ともいい歩留まりは約六八パーセントであったという）と鋳鉄を再度溶解して精錬した鋼鉄（歩留まりは約八一パーセントであったという）があり、刀剣や大工・石工の道具などには鋼鉄が用いられました。

鉄鉱石には硫黄などの不純物を含むのが通常であって、しかも漢では木炭の代わりに石炭を燃料に用いたとみられることから、そのままでは硫黄分の多い質の悪い鉄器になります。その硫黄分を取り除くのに効果的なのがマンガン鉱と石灰石で、その投入割合を予め把握して生産ができるほど、技術は高レベルになっていたといいます。

中期後葉における鉄器加工

福岡県の番上《ばんじょう》（糸島市）では、当時の楽浪郡の土器がまとまって出土したことから、漢人の商人がこの地に長く住んで交易に係わり、鉄器の船載をもたらしたのも彼らの手によるものであることを示唆するものでした。

当時の韓族・倭族には大規模製鉄（鋳造鉄）の技術がなく、その技術を持っているのは朝鮮半島の場合楽浪郡の工房です。また、楽浪郡の商人が得た倭韓の情報は、逐次楽浪郡役所に報告され、それが前漢に伝わっていたと考えられます。

前一〇八年武帝は朝鮮に楽浪・臨屯・玄菟・真番の四郡を置き、前八二年臨屯・真番の二郡が廃止されてその一部が楽浪郡と玄菟郡に編入され、前七五年玄菟郡は遼東郡に吸収されました。つまり、残ったのは大きくなった遼東郡と楽浪郡の二つでした。

倭国が鉄器を入手するために必要な交易の対価物ですが、中期前葉では玉類・貝類・珊瑚・真珠で、後葉ではこれに銅鉱・鉄鉱・砂鉄・マンガン鉱などの金属資源が加わったと考えられます。『魏志』韓伝には辰韓・弁韓・倭が鉄を取り、楽浪郡・帯方郡に供給していたとありますが、実際には前漢の時代から楽浪郡の工房に砂鉄などを供給し、倭国もそれに追随していたとみられるもので、それを促したのが漢による鉄の国家専売制度です。漢国内産の鉄には三〇パーセントの鉱山利用料が課されるのに対し、国外産のものにはそれがありませんから、後者のものが断然有利となるのは当然のことでしょう。

○中期後葉の鋳造鉄斧出土数（奈良文化財研究所の二〇一三年データ）

九州　福岡県一一　福岡市五、筑紫野市三、小郡市一、北九州市二
　　　佐賀県　一　吉野ヶ里町一
　　　長崎県　一　壱岐市一
　　　大分県　一　中津市一
　　　熊本県　二　熊本市二
中国　山口県　八　美祢市一、防府市一、周南市六
　　　岡山県　三　倉敷市二、鏡野町一
　　　島根県　二　出雲市一、雲南市一
　　　鳥取県　八　北栄町二、鳥取市六

近畿　兵庫県　一　神戸市一
　　　京都府　五　与謝野町五

分布をみますと博多湾岸や中国地方の増加が目立ち、前葉とはかなり変わってきていることがわかります。例えば、後期前葉の五七年に後漢へ朝貢した奴《ぬ》国が、中期前葉では鋳造鉄斧の出土はみられませんでしたが、中期後葉になってみられることから鍛造鉄器の製作を始めるとともに、鍛冶族が国の実権を掌握したと考えられます。

鉄器の流通と生産にはこうした流れがあって、九州北部では各地で鋳造鉄斧の加工が行われ、それが市場に売り出されて一般人が購入できたことから、開墾の動きが急速に広がり、これに伴う紛争や戦いが頻発するという悪影響があったことは否めません。

これに伴って数多くの集落を統括してきた前葉までの首長の力が、弱体化したことは避け難い現象であって、鉄と玉の交換にみられる国連合ができたことも新たな動きとして見逃せません。

鍛冶師の渡来と東遷

舶載の鋳造鉄斧は通貨代用品であり、鍛造鉄器の原料となる半製品でもありました。北部九州で鉄器製作が盛んに行われるようになった時期は、概ね中期後葉(前一五〇～前五〇年頃)です。鋳造鉄器に熱を加えて叩きながら鍛造鉄器に加工する工人は鍛冶師ですが、彼らはどうしてこの時期に倭国へ渡来してきたのでしょうか。

その原因は前漢の武帝の時代（前一四一〜前八七年）、匈奴《きょうど》など周辺諸国との戦争が相次いだことから、悪化した国家財政を救済するため、塩・鉄・酒を国家専売制度に移行したことにあったとみられます。日本の明治政府が富国強兵のスローガンを掲げて、塩・酒・タバコを国家専売制にしたのと同様の政策です。

それまで民間で自由に製造することができた製鉄業、あるいは鋼を作る鍛造業が、国家の専売制度に移行されました。即ち、全ての鉄鉱山は国家（皇帝）所有とされ、採鉱するには全国四九カ所に設置された鉄官の貸与許可が必要となったのです。

貸与を受けた民間の業者はこれを採掘して製鉄を行い、鉄器を生産して販売するのですが、販売額の約三〇パーセントが貸与料として国家から徴収されました。今日の売上税のようなもので、鉄器には民需もあれば官需もありますが、その別なく全てに適用されましたから年々膨大な国家収入があり、漢ではこれを財源として戦争を行いました。

筆者がかつてデンマークのコペンハーゲン市役所で市政の説明を受けたとき、国家が余分な財源を持ったとき必ず戦争を行った歴史があるので、デンマークでは市町村の予算を先に決め、残った財源で国家予算が決まるという話がありました。漢による専売制度は、まさに戦費を生み出すための財政政策として行われたわけです。

しかし、この政策について儒学者を中心に批判が起きます。単なる民業圧迫ではないかというものです。これが前八一年の昭帝《しょうてい》のとき、皇帝の前で賛否両者の討論が行われたものの、酒だけが専売から外されるという結果に終わります（桓寛《かんかん》の塩鉄論参照）。

こうした国家専売制度への移行により、独自の技術を有する鍛冶師らは、製作意欲を著しく損なう、あるいは失業の憂き目にあったことは想像に難くありません。しかし、貸与料のかからない周辺国で採鉄して鉄器生産をすれば安く供給できるので、その一部は倭韓など周辺国へ逃亡したと考えられます。北部九州で起きた争乱の原因、あるいは鍛冶族の東遷は、こうした逃亡者の相次ぐ渡来が一因となったのではないでしょうか。

国産鉄素材の活用

中期の京都府扇谷《おうぎだに》（京丹後市）では、板状鉄斧《ばんじょうてっぷ》とともに鉄滓《てっさい》の出ていることが注目され、砂鉄も合わせて用いていたという見方があります。中国東北地方には砂鉄の上に大量の薪を重ねて数日間燃やし続け、溶けて固まった鉄を利用するツングース系オロチョン族の火祭りの話は有名ですが、そうした野《の》ダタラのようなものがあったのかどうか確証はありません。

また、大正時代の話ですが、岩手県の北上山地にある鉄鉱石の産地では、材料が無くなると町の鍛冶屋が山に入って鉄鉱石を削り取り、それを熱して叩いて鉄器に加工していたそうです。大きな鉱石で大きな鉄器を、小さな鉱石で小さな鉄器を作ったといいますから、溶解炉を用いなくても利用は可能だということです。ただし、不純物が多いことから長持ちはせず、使い勝手が悪いことは致し方ありません。

したがって、古代においても露出していた鉄鉱石を鍛冶炉で加熱し、それを叩いて鉄器に加工していた可能性は高いとみられます。

なお、チタンを含まない砂鉄であれば九〇〇度前後の低温でも粘結できる技法があったという説もありますが、その実証については定かなものがありません。

先に示した鉱山数の資料によれば、鉄鉱では熊本県・広島県・岡山県・奈良県・長野県・福島県・青森県がやや多く、岩手県・北海道は群を抜いています。

褐鉄鉱の活用

当時の国産鉄素材で見逃せないのは、奈良県の唐古《からこ》・鍵《かぎ》（田原本町）で出土した褐鉄鉱《かってっこう》の存在です。褐鉄鉱にヒスイの勾玉が入った形で埋納されたこの遺跡では、シャーマンである女王が褐鉄鉱の再生を願って祀りごとを行っていたのでしょう。

褐鉄鉱は砂鉄のように高温で溶かして粘着させる必要がありません。ただし、硫黄などの不純物を多く含み、腐食しやすいという難点がありますから、加熱して加工したものが遺跡から出土することはまずないでしょう。

褐鉄鉱の大半は水酸化鉄が凝集したもので産地は湿地帯です。赤い鉄錆びが目印となり、各地でそれが採集されていたとみられます。東北の例でみますと、その名称はネコ・ノコ・スズなどという地名となって残っています。別名では高師小僧《たかしこぞう》とか、単に小僧などともいわれました。その採集と加工を得意としていたのが、大《おお》（多）系の鍛冶集団です。彼らが移住した足跡は、九州から北海道まで及ぶ全国的なもので、出雲《いずも》・近江《おうみ》・大和《やまと》で果たした役割は無視できないと思います。

ですから、遺跡の遺物だけをみて鉄器文化が九州に偏っているという見方は成立しないでしょう。水田の造成や耕作に伴って褐鉄鉱が出てきたとき、それを溜めておくよう予め農民に依頼し、後で回収したものを利用していたのではないかとみられ、どちらにとっても一石二鳥となること請け合いです。

褐鉄鉱の元は鉄鉱石やマンガン鉱に含まれる鉄分であって、火山活動に伴う溶岩から生まれたもので、風化して河川に流出したものが鉄イオンとなり、湿地性植物と共生する微生物に吸収され蓄積したものです。したがって、溜まりやすいのは内陸の湖沼の周辺、河口の潟湖の周辺、古代に湖沼があった盆地などです。近畿地方でみれば、琵琶湖のある近江盆地、巨椋池《おぐらいけ》のあった山城盆地、河内潟《かわちがた》周辺、奈良盆地などが採取の好適地となります。

また、褐鉄鉱は鈴のように袋状となることがあって、中に粘土の入っていることがあります。これが中国では仙薬や漢方薬として高い値で取引されたことから、唐古・鍵ではその再生を願ってヒスイの勾玉を入れ、祭祀を行っていたと考えられます。奈良盆地は優品の褐鉄鉱を産した所で、中にあった粘土は正倉院の宝物の一つとして保存されており、中国皇帝への朝貢物であった可能性も捨て切れません。

砂鉄の活用

『魏志』韓伝には次のような鉄の記載があります。

「国は鉄を出《い》だし、韓《かん》・濊《かい》・倭皆従いて之《これ》を取る。諸《もろもろ》の市買に皆鉄を用い、中国の銭を用いるが如くして、又以《もっ》て二郡に供給す」

国とは南朝鮮にあった弁韓・辰韓のことで、倭は半島の南端に住んでいた倭人のことです。彼らは鉄を取って中国の通貨のように使っていたというのですが、その鉄は洛東江の沿岸にあった河原砂鉄や河口付近にあった浜砂鉄のことであったというのが通説です。この時代に中国という言葉が使われていることは驚きですが、製鉄の原材料である砂鉄が通貨として使われていたということも驚きです。

見逃せないのは、日本列島にも砂鉄が豊富にあるという現実です。したがって、交易に従事していた楽浪郡・南朝鮮・倭国の商人は、南朝鮮や倭国から砂鉄を集めて楽浪郡に持ち込み、銅器や鉄器などと交換していたのではないかとみられます。つまり、そこで製鉄された鋳造鉄器が、市場に出回っていたということにもなります。

ただし、当時の中国の知識人は、倭国が九州の南方に連なる列島であると考えていたのですから、貝類・珊瑚・真珠・玉類の産地であることは知っていたものの、銅鉱・鉄鉱・砂鉄などの産地であることは知らなかったとみられます。したがって、倭国産のものであっても、産地は辰韓・弁韓の南朝鮮であると勘違いをしていたのではないでしょうか。

五　玉作りの拡大

玉類の増産

勾玉や管玉の製作は縄文時代から続くもので、威信を現す装身具であり呪具でもあったことから、弥生時代になるとシャーマンあるいは首長にとって欠かせないものとなりました。弥生前期における代表的な製作地は、島根県の西川津（松江市）や鳥取県の長瀬高丘（湯梨浜町）でした。ところが、中期になるとスイトウ栽培の拡大に伴い、山陰から近江《おうみ》・越後《えちご》・佐渡《さど》へと玉作集落が広がり、尾張《おわり》でもみられます。製作者には専業者と兼業者があって、製作技法は朝鮮から新技法が伝来し、縄文以来のものが改良され、かつ分業によって効率化されたとみられる変化がありました。

○玉作集落の代表的な遺跡事例

九州　福岡県　潤地頭給（糸島市）
中国　島根県　布田（松江市）
　　　鳥取県　南原千軒（琴浦町）、青谷上寺地（鳥取市）
近畿　兵庫県　東家ノ上（養父市）
　　　京都府　奈具岡（京丹後市）、日吉ヶ丘（与謝野町）
　　　滋賀県　高月南（長浜市）、市三宅東（野洲市）
北陸　福井県　吉河（敦賀市）、下屋敷（坂井市）
　　　石川県　八日市場地方（小松市）、吉崎・次場（以上羽咋市）
　　　富山県　下老子笹川（高岡市）
東海　愛知県　朝日（清須市・名古屋市）
中部　新潟県　下谷地（柏崎市）、城之古（十日町市）、平田（佐渡市）

　玉作集落が最も多いのは佐渡で約三〇カ所、次いで滋賀県の二三カ所となります。原石はヒスイ（新潟県姫川産）・鉄石英《てっせきえい》（新潟県佐渡産）もありますが、大半は碧玉《へきぎょく》（緑色凝灰岩《りょくしょくぎょうかいがん》）・水晶・滑石《かっせき》・ガラスです。原石を石錐《いしきり》や鉄錐《てつきり》で穴を開け、砥石《といし》で磨いて勾玉《まがたま》・管玉《くだたま》・算盤玉《そろばんだま》・切子玉《きりこだま》・棗玉《なつめだま》を作るものでした。

急激に拡大した玉作集落ですが、中期後葉になるとガラス玉の製作が増加したことに伴い、ヒスイや水晶以外の原石を加工する玉作りは減少します。中国では透明感のある水晶やガラスを加工したものが、天を象徴する呪具として珍重されました。したがって、玉作師の仕事が碧玉や滑石の加工から、水晶やガラスの加工に変わり、玉作集落の分布や国々の盛衰にも大きな影響のあったことが考えられます。

なお、ガラスは専用の炉を作って生産をするのではなく、鉄器や銅器の加工で使う鍛冶炉を使うのが主流であった、つまり鍛冶加工の副産物としてガラスを作っていたとみられ、鉄器・銅器の工房のあるところにガラス工房ができました。

近年の説によれば、鉛ガラスは外国産で原材料は船載もの、しかもローマからきたとする見解もみられますがいかがなものでしょうか。鉛鉱山から流れ出す鉛イオン水を用いて鉛ガラスを作ったことも考えられるからです。

現代のガラス製造の大半は、一六〇〇~一七〇〇度という高温による溶融方法を採っていますが、そうでなければガラスは製造できないというものではありません。原料となる珪砂に様々な物質を付加する、あるいは圧力を変えることにより、低温溶融製造が可能なのです。むしろ今日では省エネの観点から、多段階の低温溶融製造が行われており、企業秘密ともなっています。

古代にあっても、次のような手法であれば九〇〇度前後で作ることが可能であったといわれています。なお、青色を出すのに必要なコバルト鉱山があったのは、山口県の長登《ながのぼり》(美祢市)・和歌山県の大勝（北山村）・岩手県の千代ヶ原（一関市）などです。

①珪砂を粉末にしたもの
②海草灰・稲モミ灰・稲ワラ灰を混合したもの
③コバルト（青色）、銅（緑色）、マンガン（青紺色）、鉄（赤色）、鉛（きらきらと光る）などの成分を含む鉱山のイオン水

①と②を三対一の量に調合し、微量の③を加え、さらに水を加えてよく練り合わせ、乾燥させたものを砕いて土器に入れ、鍛冶炉の炭の下に置いて溶融し、ガラス塊を作ります。これを取り出して炉で加熱し、引っ張り出して加工する、あるいは鋳型に入れて形を整えます。なお、③の代わりに出したいガラス色と同じ色の貝殻（五色貝・馬刀貝など）または珊瑚を焼いた微量の灰を混ぜて水で練ったという説もありますが、真偽のほどはわかりません。

ガラスを用いた玉作工房の遺跡をみてみましょう。太字はガラス勾玉《まがたま》の鋳型が出土した遺跡です。

○ガラス玉作工房の遺跡事例

福岡県　須玖五反田・赤井手（春日市）、潤地頭給（糸島市）

岡山県　百間川今谷（岡山市）
山口県　下七見（下関市）
愛媛県　文京（松山市）
京都府　扇谷・奈具（以上京丹後市）
滋賀県　熊野本（高島市）
大阪府　東奈良（茨木市）

玉作集落と墓制

原石を用いた玉作集落に関係しているとみられる中期前葉の墓制は、山陰（島根県・鳥取県）から近畿北部（兵庫県の但馬地方・京都府の丹後半島）でみられるのが方形貼石墳丘墓《ほうけいはりいしふんきゅうぼ》（方形台状墓《ほうけいだいじょうぼ》を含む）、近畿東部（滋賀県）から北陸（福井県・石川県・富山県）・東海（愛知県）・中部（新潟県）でみられるのが方形周溝墓《ほうけいしゅうこうぼ》です。

したがって、北陸・東海・中部の玉作集落の住人は、山陰・近畿北部の玉作集落から移住したものの墓制を変えたとみられ、近畿の有力な首長との取引関係が密接となったことを示しています。玉石加工や機織は雪国における冬季間の作業として女性や子供でもできることから、スイトウ栽培の普及と合わせて日本海側の集落に進出したのでしょう。

初期における原石の確保は、河川を流下した河原石を拾っていたと考えられるのですが、注意を要するのは墓制に違いがあることからすれば、玉作師も一枚岩にまとまっていたわけではなく、原石の確保を廻って争っていたとみられることです。

　また、中期後葉の頃玉作集落に関係していた墓制とみられるのが、方形貼石墳丘墓と同じように貼石をしていた四隅突出形墳丘墓《よすみとっしゅつがたふんきゅうぼ》の存在で、最古とみられるのが島根県青木（出雲市）、これに続くのが広島県の三次盆地で、後期になると山陰で目立つようになります。こうした貼石の墓制が生まれた背景には、玉を作るのに河原石を拾っていたことに関係があるとみられ、これが古墳時代まで続いていたみることが可能です。

○中期後葉における方形貼石墳丘墓・四隅突出形墳丘墓の分布

中国　広島県　四隅突出形墳丘墓　宗佑池西・殿山・陣山（以上三次市）
　　　　　　　方形貼石墳丘墓　花園（三次市）
　　　島根県　四隅突出形墳丘墓　青木（出雲市）
　　　　　　　方形貼石墳丘墓　波来浜（江津市）、中野美保・青木（出雲市）
　　　　　　　友田（松江市）
　　　鳥取県　方形貼石墳丘墓　洞ノ原（米子市）、梅田萱峯（大山町）
近畿　兵庫県　方形貼石墳丘墓　粟鹿（朝来市）
　　　京都府　方形貼石墳丘墓　志高（舞鶴市）、難波野（宮津市）

寺岡・日吉ヶ丘・千原（以上与謝野町）
小池（京丹後市）

鉄器と玉類の交換

前記鋳造鉄斧の出土からわかる第二の点は、中国・近畿の首長が玉石加工に効率のよい鍛造鉄器を用いるため、北部九州の首長と取引を始めたとみられることです。玉石加工に鋼鉄製の加工道具があれば、従来の石製道具を遥かに上回る効率の良い加工が可能となり、一方では玉類を手に入れることによって楽浪郡などの商人との間で有利な取引が可能となったのでしょう。

二〇〇四年から始まった福岡県の潤《うるう》地頭給《じとうきゅう》（糸島市）から、中期後葉以降のものとみられる玉作工房跡や交易に用いたとみられる準構造船が見つかりました。ここは『後漢書』にいう面上国《おかのくに》（『魏志』にある伊都国《いちのくに》）ですが、水晶や碧玉の加工をしていたとみられ、碧玉の材料は深緑色をした島根県玉湯町の花仙山《かせんざん》産のものだといいます。

出雲で玉作りを行っていた首長が、交易の窓口である面上国に玉石加工の工房進出を行ったということは、ネットワーク（連合もしくは同盟）としての結びつきを強化した結果とみられ、それだけ北九州勢の力が弱まって出雲が強くなり、方形貼石墳丘墓のみられる伯耆《ほうき》・但馬《たじま》・丹後《たんご》も連合に入っていたとみることが可能です。

こうしたネットワークの構築は近畿の首長によるもので、後期後半以降は各地方の拠点的集落に大倭《おおいち》（大市）を派遣していた近江の大倭王《おおいちおう》（大市王）の前身とみられるのですが（次章参照）、次第に争乱や抗争が激しくなっていたことをみれば、ネットワーク内の分裂や新しいネットワークの構築もあったことが読み取れます。

玉作師の移住

先にみた近江などにおける玉作師は、どこから来たのでしょうか。その一つとみられる大集落が京都府の丹後半島にあり、前一世紀頃にできた大集落が紀元頃なくなりました。

○京都府の奈具《なぐ》・奈具岡《なぐおか》・奈具谷《なぐだに》の遺跡（京丹後市）

　竪穴住居一〇〇以上

谷間に水田・水路・取水口の跡

玉作工房跡（緑色凝灰岩の管玉、水晶の勾玉・算盤玉・小玉、舶載のガラス玉・ガラス滓）

　注：溶解したガラスに滓《かす》はないのでガラス塊とみられます。

鉄器工房跡（鉄斧・鉄鏃・鍛冶炉・鞴《ふいご》の羽口・舶載の鉄素材）

この大集落は明らかに当時の先端技術を有する玉作集団によるものですから、農耕を主体とする大集落と組めば、大きな力を発揮できることはいうまでもありません。中でも注目されるのは、ガラス加工が入ってきたことです。

上記遺跡に住んでいた住人は消えたわけではなく、近江をはじめとする各地の玉作集落に移住して指導者となったことが想定され、後期におけるネットワークの成立に大きな貢献があったとみられます。なお、丹後には次のような首長墓とみられる方形貼石墳丘墓があり、その被葬者はシャーマンとみられる女性です。

○京都府丹後半島の日吉ヶ丘墳丘墓（与謝野町）
中期後葉（前二〜前一世紀頃）
方形貼石墳丘墓（一七〜二二×三二メートル）
頭飾り用の管玉《くだたま》六七七が出土

六　争乱と国の再編

戦いの拡大

後期縄文から始まった農耕の始まりは、農地を耕さないでムギ・リクトウ・キビ・アワ・ソバ・

マメなどを播種するという粗放的なものでした。例えば森林や草地に火を入れた跡地、燃料用の雑木林を伐採して抜根をしないままの空地などですが、こうした栽培地では連作ができないので、数年後には栽培地を移動させる必要があります。

ところが、耕作地と休耕地を繰り返す二圃式農業や連作の可能なスイトウ栽培では、栽培地に対する占有・所有といった原初的な権利意識の観念を生みだし、さらに進んで未墾地の囲い込みに及び、スイトウ栽培の場合はこれに水利の権利意識が加わります。特に争いが激しくなるのは干害に伴う水不足のときで、冬季に雪を溜め込む高い山の少ない丘陵地に頻発します。今でも溜池がたくさんある北九州・瀬戸内・近畿などでは、奈良時代でも頻繁に干害のあったことが知られています。

中期のスイトウ栽培が、河口付近の平野から中流域の盆地に拡大したことは先にみたとおりですが、水田への水のかかりでは上流の方が優れています。しかし、原生林の多い上流地域が開発されれば、下流は洪水や旱魃《かんばつ》に見舞われやすくなりますから、下流の者にとっては新参者の先占が許せません。抗議や話し合いをしても譲る様子がなければ、下流の者は夜中に若者を集めて決起集会を開き、決死隊なるものを組んで上流に向かいます。不穏な状況を察知した上流でも、あり合せの武器を持ってこれを阻止しようとし、にらみ合いから乱闘になるということがよく起きました。

この話は古代のものではなく、大型のため池やダムができる前の筆者の故郷での話ですが、古代にあってもさほど変わらないことは容易に推察ができます。シャーマンがいくら雨乞いをしても、効果がなければ焦燥感と憎悪が増すだけでしょう。

戦いの二つめの形態は、金属加工・ガラス加工・土器製作に要する燃料調達の問題で、森林確保の争いに加えて森林伐採に伴う洪水や旱魃《かんばつ》に伴う争いが起きることは避けられません。中でも、鍛冶に要する木炭は相当な量が必要となりますから、長く続けるほど遠くから調達することとなり、他国との争いごとが増加したとみられます。

戦いの三つめの形態は、交易に関する争いです。前述のように朝鮮や中国で生産される交易品を優先的に取得するには、対価物となる国内の交易物品を優先的に集めることが必要です。これについても、戦いや争いが繰り返されたと考えられます。

左記の県の遺跡から出土した人骨には、石器などの武器による打撃の痕が残されたもの、首がなくて胴体だけのもの、胴体がなくて首だけのものなどが百例を越えていました。戦いや内紛があって激しく争ったことの痕跡を生々しく残しているものであり、そうした遺跡は渡来人が最も多かったとみられる北九州から始まり、中九州・山陽・山陰・近畿へと広がっています。

○武器によって損傷した人骨の出土

九州　福岡県・佐賀県・長崎県・大分県・熊本県

中国　山口県・岡山県・島根県・鳥取県

近畿　兵庫県・京都府・大阪府・三重県

こうした犠牲者の殆どは成人男性のものですが、福岡県の永岡（筑紫野市）では多くの女性や子供の犠牲者があったとみられ、長崎県の根獅子《ねじこ》（平戸市）では女性の頭骨に銅剣の先が突き刺さった事例もあります。

なお、首だけの遺体や首のない遺体もかなり出ていますが、古代の中国では戦争にシャーマンが帯同し、戦場に作られた祭壇の上で敵に呪いをかける儀式があり、敗れた場合は二度と呪術を使えないようにするため、斬首して敵に首を差し出す習慣がありました。大陸からの渡来人であれば、このような習慣を残していた可能性もあります。

高地性集落の出現

中期前葉に瀬戸内の沿岸・島嶼《とうしょ》部を中心として、母集落に近い見晴らしのきく山頂に小規模な高地性集落が数多く誕生しました。ただし、これが集落といえるのかどうか疑問も出されています。

その代表的なものが香川県の荘内半島の中央にある紫雲出山《しうでやま》（詫間町）です。ここは標高三五二メートルの山頂で、平野部の視界は悪いのですが海上を広く見渡せる場所にあり、集落というより見張台や烽火台といった高地性防御施設であった可能性は否定できません。

○香川県の紫雲出山《しうでやま》遺跡（三豊市）の概要

円形竪穴住居一（二・八×三・二メートル　中央に焼土坑　朝鮮の松菊里《しょうぎくり》方式）

高床倉庫一（二・五×二・五メートル）

多量の土器・石鏃・石槍・石包丁・太型《ふとがた》蛤《はまぐり》刃《ば》石斧《せきふ》・石錘・石列・鉄片・貝輪・鹿角製結合式釣針・大型二枚貝・サザエ等の貝塚が出土

その設置理由は何なのか、現在次の説が対立しています。

①北九州で最新鋭の鉄の武器が大量に作られ、国と国の戦いが起きて統合が進み、その上に立つ国や国連合ができて王が登場した。こうした軍事的な制覇による国の統合がなされたことに触発され、侵略を恐れて大量の大型石製武器を作るなど、防御意識の高まりがあった。近畿の遺跡でみられる鉄器の遺物は、古墳時代になって増加するが、それ以前は極めて少ないことから、②説は成り立たない。

②北九州で鉄器生産が始まり、それを手に入れるために争いとなった。交易船をいち早く招きいれるために見張ったもので、近畿でも鉄器生産が始まったことに伴いそれがなくなった。鉄器は風化しやすいため遺物が近畿方面では少ないだけである。

しかし、こうした施設を維持することは大変な負担となりますが、この時代が長く続いていることからみて、その機能が何であったのか再検討をする必要があるでしょう。

①説に関係する遺跡が前記の島根県田和山《たわやま》（松江市）で、ここに周辺の集落から多くの人々が集まり、銅剣等を用いた祭祀を行うとともに、飲食を共にして王国の団結を図り、いざというときのために多くの石製武器を保管する場所となっていました。

②説に関係するのが鉄片の出土であり、金属の加工地を北九州から各地に分散することです。

そこで、北九州における戦いや騒乱とは何であったのかを次に検討してみましょう。

鍛冶加工の分散と鉄産地の確保

工人集団が海を越えて倭国に移住してきた原因は、記紀神話にあるような偶発的な天孫降臨などによるものではなく、漢による鉄の国家専売制や朝鮮における森林資源の減少によるものであったことは間違いないでしょう。

前一〇八年漢による朝鮮半島の西部と北部方面へ侵略があり、楽浪《らくろう》・臨屯《りんとん》・玄菟《げんと》・真番《しんばん》の四郡が設置されたものの、これらの鉄産地では高額な貸与料が徴収されますから、国外である南朝鮮の辰韓・弁韓や倭国における鉄産地の役割が重視されるのは当然でしょう。

これらの国から楽浪郡に砂鉄・鉄鉱・マンガン鉱を運んだ方が製鉄は安上がりですから、でき上がった鋳造鉄も安いという利点があったはずです。したがって、砂鉄や鉄鉱の産地をいち早く探査し、見つけた場合は他者に採取されないよう見張りをつけておく必要があります。

第二の問題点は、朝鮮の場合も長年にわたる土器・青銅器・鉄器の生産活動の歴史がありますから、森林資源に不安が見えたのではないかということです。同様の問題は平安時代の出羽《でわ》国でも起きていたことが知られています。

秋田県男鹿市にある一ノ目潟で採取された年縞《ねんこう》（湖沼に堆積した植物の地相）を調べたところ、一〇〇〇〜一一五〇年頃のスギ花粉は、それ以前と比較して八〇パーセント減少し、ブナ花粉は九〇パーセント減少していたことがわかったのです。この時期は前九年の役《えき》と後三年の役のあった時代ですが、温暖化に伴って急速に開墾が進む一方、相次ぐ戦いが起きて大量の武器を製造したことが背景にありました。

北九州で作られた鍛造鉄器は、倭国のみならず南朝鮮の諸国にも供給されていたことをみれば、こうした事情をものがたっているのでしょう。また、鋳造鉄は朝鮮から入手したにしても、鍛冶加工に必要な薪・木炭は北九州での現地調達ですから、南朝鮮と同じように森林伐採によって山が荒れ、洪水や旱魃が頻発してスイトウ栽培に悪影響があり、農民集団と工人集団の間に争いが起きたとみられるのです。

地域を統治する王に期待される役目の一つは、天変地異がなく豊作であること、二つには住民が無病息災で安全であること、三つには様々な道具が滞りなく作られて住民に供給できることです。そうした責任を果たすため、祭事を執行して神の加護を願うシャーマンの王と、シャーマンの王を助けて政事を切り盛りする摂政《せっしょう》がいました。

しかし、王や摂政がそうした争いを解決できなければ、農民は反乱を起こして彼らを血祭りにあげ、周辺の国々を侵略して食糧などの略奪を始めることがあったのでしょう。こうした侵略から身を守り対抗するため、石器などの武器を保有していたとみられます。

ところが、こうした騒乱によって問題が解決されたのかといえば、そうはならないのが難しいところです。人口の増加によって新たな農地が必要となり、開墾や水路の整備には様々な道具を必要とするほか、狩猟・漁労・採集・農耕の効率を上げるには鉄器が必要で、鍛冶加工を欠かすことができません。

そこで、一極集中型の鍛冶加工を分散移動して燃料の確保を容易にする、省エネ化を図るため風当たりのいい高台に移動する、工人を各地に派遣して巡回製作を行うなどの工夫があったとみられるのです。つまり、工人集落を一般集落から切り離して分散する手法です。その場合、食料・衣類・原材料などの面で工人集落を支える人々、すなわち貢米《くめ》（久米）集団が必要となり、その取り決めも行われたことでしょう。

こうした一連の打開策は、工人を呼び寄せる地域の首長と工人を統括する頭領との交渉によって決められたと考えられます。このことは、あらゆる大陸文化の受け入れ窓口であった北九州の影響力が弱まることにつながるのですが、倭国全体の発展と開発にとっては重要な転機となったはずです。

王国の再編

弱肉強食の時代を迎えた争乱により、倭国はどのような状況になったのか、その情報はわずかなものにすぎませんが、前漢《ぜんかん》時代（前二〇二～後八年）を記した国史で、後漢《ごかん》の班固《はんこ》らによってまとめられた漢書地理志（燕国の条）に、次のような記述があります。

「然《しか》して東夷《とうい》は天性従順にして、三方の外に（北狄《ほくてき》・南蛮《なんばん》・西戎《せいじゅう》とは）異なる。故《ゆえ》に孔子は道の（中国で道徳が）行われざるを悼《いた》み、浮《うき》を海に設け（海を渡り）、九夷（東夷の国）に居《お》らんと欲するは（住もうと望んだ）以《ゆえ》有るかな（理由はこれなのです）。

楽浪海中に（楽浪郡から海を渡ると）倭人有り。分れて百余国を為し、歳時《さいじ》を以《もっ》て（特別な年に）来《きた》り。献見《けんけん》す（皇帝に朝見したい）と云う」

この内容は明らかに倭国に触れたもので、高地性集落ができる頃の中期後葉の状況を示し、支配地を大きく広げた武帝《ぶてい》（前一四一～前八七年）後の時代とみられます。こうした記述の内容を証明するかのように、倭国では最有力の首長とみられる面上国王《おか》（後の伊都《いち》国王）、それに次ぐ首長であったとみられる奴《ぬ》国王の墓から、前漢への朝貢によって下賜されたとみられる次のような遺物が出土しました。

○北九州の王墓遺跡

①福岡県の三雲《みくも》南《みなみ》小路《しょうじ》遺跡（糸島市）

面上国王墓（三二×二二メートルの方形周溝墓）とみられます。

一号甕棺墓（男王）から、銅矛大小二、銅戈・銅剣・朱入り小壷・古鏡大小三五、勾玉一、管玉一、ガラス璧《へき》が出土（一八二二年の江戸時代末期に調査されたもの）、銅鏡の破片・ガラス璧・金銅製四葉座金具《きんどうせいしようざかなぐ》が出土（一九七四年の再調査）

二号甕棺墓（王妃）から、銅鏡二二以上、ヒスイ勾玉一、ガラス勾玉一二、ガラス垂飾一が出土（一九七四年の再調査）

②福岡県の須玖《すく》岡本《おかもと》遺跡（春日市）

奴国の男王墓（方形周溝墓だったとみられるが未確認）とみられます。

甕棺墓《かめかんぼ》から、銅矛四、銅戈一、銅剣二、銅鏡三二以上、ガラス璧二以上、ガラス勾玉一、ガラス管玉一二が出土（一八九九年に調査されたもの）

ここに埋葬されていた者が王であるとわかったのは、天のシンボルとされるガラス璧や木棺の飾り金具であった金銅製四葉座金具があったことによるものです。これらは漢の周辺国の王が漢に朝貢したとき、皇帝が爵位を与えて君臣関係を結び、死ぬまで約束を守りますという誓約《うけい》を結びました。これがいわゆる冊封《さくほう》体制といわれるもので、漢の属国に組み込まれたとき下賜されるものでした。

埋葬された王は一世紀初頭に亡くなったとみられ、朝貢したのは前一世紀後葉であったとされています。武帝以来、前漢の国家支配戦略の中にあったのは、陸続きの朝鮮半島までであり、海を隔てた倭国に関心はなかったから属国としたのでしょう。

しかし、奴国と面上国にとっては、倭国内の争いに勝ち残るための重要な朝貢であり、前漢を後ろ盾として交易で有利な状況をつくり、他国を圧倒して侵略の防止策とした一石二鳥の作戦だったのでしょう。

交易の広がり

様々な道具類の進化に伴ってスイトウ栽培が拡大し、食糧増産が実現したとき、銅器や鉄器のみならず、南海産の貝が広域的な交易品として登場します。南海産物の交易については、第一章で取り上げた子安貝《こやすがい》と亀甲《きっこう》があり、その復活ともいえるもので、こうした交易の広がりが生まれたのは、近畿における海人の首長が中心となって、各地に市《いち》を開き、それを結ぶネットワークを形成したことによるものであることは、先に取り上げたとおりです。

沖縄県・鹿児島県の奄美群島などで採集されたイモガイ・ゴホウラガイ・スイジガイ・オオツ

タノハガイ・ベンケイガイ・シャコガイなどが、腕輪・首飾り・小刀などに加工されました。変わったところでは、シャコガイで斧の刃を作り、木材の伐採や丸木舟の製作に使用したというものもあります。

こうした貝の交易は、日本海沿岸を北上する中継交易路にもあって、北海道の有珠《うす》モシリ(伊達市)にまで達していました。青森県で早くからスイトウ栽培が導入されたのは、各地方の拠点的な集落には市《いち》があり、その市《いち》と市《いち》をつなぐ舟運によるネットワークがあったと解することによって可能となるものです。

南海産貝類の大半は、薩摩半島西岸の高橋貝塚・下小路(南さつま市)で荒加工してから北部九州に運ばれ、完全加工されたものが北方まで運ばれていました。こうした仕事に従事する者の中には、戦いに敗れて奴婢になった者や人身売買による者がいたとみられ、銅器や鉄器の生産においても、辛い仕事は彼らの手によって行われていた可能性があります。働き手の奴婢が亡くなれば、新たな奴婢を求めるのも当然のことです。

第四章　弥生後期（紀元～二〇〇年頃）

滋賀県大津市の日吉大社山王鳥居

一　大陸の情勢

中国の情勢

王莽《おうもう》は叔母である太皇太后王政君《たいこうたいごうおうせい》の力を得て摂政に出世し、八年に漢帝を廃して自ら新《しん》の皇帝に就くと、漢の治世を払拭することに努めました。その一つが一四年に行った新通貨である貨泉《かせん》の発行で、同時に旧通貨となった漢通貨の使用を禁じます。そのため経済は大混乱となって皇帝に対する怨嗟《えんさ》の声が起き、方々で造反軍が蜂起しました。

二三年造反者の一人である漢の皇族の劉秀《りゅうしゅう》によって洛陽が落とされ、長安も落ちて新はわずか一六年の短命国家に終わります。なお、新の貨泉は日本でも弥生時代の棺墓から七〇数枚が出土しています。

二五年劉秀が後漢《ごかん》の光武帝《こうぶてい》（二五～五七年）として立ち、中国の縁辺にあった植民地に係る政策を平和協調路線に転換しました。例えば、楽浪郡にいた中国系豪族の王調《おうちょう》が三〇年に反乱を起こし、郡役所を占拠するという事件が起きています。こうした場合、前漢であれば武力弾圧をしたのですが、後漢ではそれを機に地方の豪族を県侯に任命して自治を認めました。前漢の武帝は武力で国土を拡張し続けましたが、そうした政策では国が早く滅びると判断したことによるものでしょう。

しかし、四代目の和帝《わてい》（八八～一〇五年）以降になると、一五歳以下の少年皇帝が立てられるようになり、短期間で不審死を遂げることが多くなりました。そのため、実質的な権限は皇帝の母親である皇太后あるいは妻である皇后の外戚《がいせき》に握られ、ときには両者による激しい権力闘争が起きて皇帝が暗殺されます。

一四六年一一代目の桓帝《かんてい》が一五歳で立ち、一五九年に宦官《かんがん》と組んで外戚を倒したのですが、一六八年に一二歳の霊帝《れいてい》が立つと、今度は宦官の専横が目立つようになりました。

一八四年河北省の鉅鹿《きょろく》で新興宗教団体の太平道を率いる張角《ちょうかく》は、信徒一〇万人を動員して黄巾賊《こうきんぞく》の乱を起こしたのですが、間もなく急死したことに伴い黄巾賊の乱は一旦弱まります。

一九〇年後漢最後の皇帝である献帝《けんてい》が立ったものの、董卓《とうたく》、袁紹《えんしょう》、袁術《えんじゅつ》、曹操《そうそう》、孫堅《そんけん》などが互いに覇を競って戦いを繰り広げ、一九二年四川省と陝西省《せんせい》にまたがる漢中盆地では張魯《ちょうろ》の率いる五斗米道《ごとべいどう》が独自の宗教国家をたてました。

二〇〇年官渡《かんと》（河南省中牟《ちゅうむ》）の戦いで袁紹を破った曹操が、次第に優位となります。

朝鮮の情勢

後漢が植民地政策を現地優先に切り替えたことに伴い、四四年頃の南朝鮮では韓族による小国家が群立し、その中の有力な国は楽浪郡に朝貢する者がありました。

五七年韓族とともに倭族の奴《ぬ》国王が光武帝に朝貢したことは後記のとおりですが、この頃になると東方諸国の朝貢窓口は、楽浪郡から遼東《りょうとう》郡に移ったといわれています。朝貢物を上回る下賜品を与えた後漢ですが、その見返りとして北方の鮮卑《せんぴ》族には匈奴《きょうど》を攻撃するよう求めるなど、夷もって夷を征すという伝統的な政策を捨てたわけではありません。そうした面で韓族・倭族は役に立たないとみていますから、驚くほどの下賜品はなかったとみられます。

後漢の統治力が衰えた一〇〇年頃から、中国東北地方の松花江《しょうかこう》流域にいた扶余《ふよ》と鴨緑江《おうりょくこう》中流域にいた高句麗《こうくり》は、気候の温暖な遼河《りょうが》流域に移住するため、しばしば遼東郡に南下して侵攻するようになりました。

一〇五年高句麗は遼東郡の八県を奪い、一一一年扶余は楽浪郡を攻めますがいずれも撃退されています。この間の一〇七年に、倭族の面上《おか》国王らは遼東郡を通じて後漢に朝貢しています。

次第に力をつけてきた高句麗は、一一八年に玄菟《げんと》郡・楽浪《らくろう》郡を、一二一〜一二二年には馬韓《ばかん》（韓族）・濊《かい》（高句麗系の国）・貊《はく》（高句麗系の国）とともに玄菟城を攻めました。ところが、一般には高句麗と扶余が同族関係にあったといわれているにもかかわらず、扶余はこのとき遼東郡について高句麗と戦っており、夷をもって夷を征すという後漢による働きかけが成功したとみられています。

一三二年高句麗は遼東郡を攻撃し、楽浪郡太守の妻子を捕らえるとともに帯方《たいほう》県令を殺したのですが、この頃の楽浪郡は機能しなくなり、役人が遼東郡に退避していたことによるとみられ、同郡は一旦高句麗の手に落ちました。

この動きは一五〇年頃になるとさらに激しくなり、一七〇年頃まで遼東・楽浪・玄菟の三郡は、後漢・高句麗・扶余の三国による争奪戦が続きます。また、朝鮮半島の濊《かい》族・韓《かん》族も力をつけ、しばしば楽浪郡を侵略するようになりました。彼らの狙いは単なる物盗りや農民の獲得ではなく、工房で働いていたタタラ師・鍛冶師などの工人を虜《とりこ》とし、奴婢として働かせるため自国に連行することにあったとみられます。濊族・韓族・倭族にとっては、喉から手がでるほど欲しかったのでしょう。しかし、彼らが鋳造鉄を大量生産する技術を取得したとはみられませんから、高度な技術を持つ工人は、より安全な遼東郡に逃亡したのでしょう。

一八四年玄菟郡の下級役人であった公孫度《こうそんど》が、後漢の実力者である董卓《とうたく》の推薦によって遼東郡太守となり次第に力を増していきます。一九〇年都が洛陽から長安に遷り、一九二年董卓が殺されたのを契機として、公孫度は自ら遼東侯を名乗って自立し、やがて山東半島の一部や楽浪郡も支配下に収めます。この頃になると高句麗と扶余は彼に従うようになりました。

高句麗と扶余の南下侵攻は、気候が寒冷化してきたことを示すもので、倭国では北関東以北においてスイトウ栽培がみられなくなり、続縄文時代に先祖返りをしたことと重なっていると把握されています。

二　倭などの読み方と意味

倭人・大倭王・大倭

中国の歴代王朝が残した史書は、倭国の成り立ちや文化風俗を知るのに不可欠なものですから、次の正史に出てくる倭人・大倭王・大倭などの読み方と意味を検討します。

①『漢書地理志』（前二〇二～後七年に及ぶ前漢の正史）

「楽浪海中倭人有り、分かれて百余国と為る」

②『後漢書』（二五～二二〇年に及ぶ後漢の正史）

「其《そ》の**大倭王**は邪馬台国に居す」

③『三国志の魏志』（二二〇～二六五年に及ぶ魏の正史）

「東南に陸行すること五百里にして、**伊都国**に到る。（中略）世《よよ》王有り。皆、女王国に統属す。（中略）南して**邪馬壹国**に至る。女王の都する所なり。（中略）祖《そ》賦《ふ》を収む邸閣《ていかく》有り。国国に市《いち》（市場《いちば》）有りて有無を交易す。**大倭**をして之《これ》を監《かん》せしむ。女王国自《よ》り以北（以西）には、特に**一大率**（市を取り締る大将軍）を置きて、諸国を検察せしめ、諸国之《これ》を畏憚《いたん》

（恐れはばかる）す。常に伊都国に治《ち》す（役所を置く）」

①に関してですが、わが国ではいつの頃からか倭をワと読ませるようになったのですが、本来はイとしか読みません。そのことが長年に渡って誤った解釈を生み、混乱が続く原因となってきたことは否めません。例えば、この字は倭人の体が小さいことから用いられた、などともっともらしい解釈を加えてきたのですが、そのように捉えたのは後年の日本人だけであって、本来は従順な人あるいは穏和な人という意味ですから、矮の字とは異なるものです。また、これをイと読む本来のあり方が、②の大倭王や③の大倭の読み方とその意味を明らかにしてくれます。

倭人が市場《いちば》の市《いち》のことをイチといい、それを主宰する責任者の大市《おおいち》をオオイチという場合、チという発音は弱音であったとみられ、中国人には前者がイまたはイーと聞こえ、後者はオーイまたはオーイーと聞こえたのでしょう。

しかも、相手は倭人《い》ですから、市《いち》の音訳文字に倭《い》を用いたのだと考えられます。なぜなら、③の大倭とは前後の文意からして、明らかに市《いち》や商人の取り締りに関係する役職を指すもので、倭語でいえば大市《おおいち》のことだとみられるからです。よって、大倭は音読であればダイイ、訓読であればオオイチと読むべきです。

これが明らかとなれば、残る言葉の意味は簡単に解けるでしょう。②にある大倭王とは中央にいる大市王《おおいち》のことで、邪馬台国（邪馬壹国）と連合を組む国々に市《いち》を設けてネットワーク網をつくり、そこに③の大倭《おおいち》（大市《おおいち》）という市場の主宰者を派遣していたのだと解されます。
②では大倭《おおいち》王（大市《おおいち》王）が邪馬台国に居住しているといい、③では北九州の伊都国が代々女王国（邪馬壹国）に統属され、一大率《いちのおおいざ》（市大率《いちのおおいざ》）が女王国から派遣されていたことによるものとわかるでしょう。したがって、女王卑弥呼はもちろんのこと、その後継者である女王壹與も大倭《おおいち》王であって、壹與の読み方は音読ではイヨ、訓読ではイチヨとなります。したがって、大倭をオオヤマトと読むのでは、意味が通じなくなります。

参考までに市《いち》という漢字の成り立ちをみますと、「垣根のある所に行くと欲しいものが手に入る」ですが、ヤマト朝廷時代の歌垣《うたがき》の場所は、広場に植えたツバキのある海柘榴市《つばきいち》です。そこは若い男女の出会いの場でもありました。ここに大市《おおいち》という市《いち》を主宰する役人がいたことは、地名からしても確実とみられます。

要するに古代の市《いち》が開かれた場所とは、奥に邸閣《ていかく》（大倭《おおいち》の住居兼倉庫）があって、その前に垣根で囲われた広場があり、その中で市《いち》が開かれていたとみられます。垣根の内側はカキウチであったものが垣内《かいち》となり、外側はカキソトであったものが垣外《かいと》となります。

こうした市場は、拠点的な環濠集落の中に設けられることもありましたが、大勢の人が集まると対処しきれなくなり、広場が数多くある墳丘墓の前で行われるようになったとみられ、その地区は今風にいえば門前町の体をなしていたのでしょう。

いずれにしても、倭《い》人が漢字の成り立ちどおりの市《いち》を有していたことは注目すべきことで、商人の国であった殷《いん》人と何らかの関係があるのではないかと思われるのです。

邪馬台国・邪馬壹国・伊都国・狗奴国

次の問題は、前記②にある邪馬台国の台をイまたはイチと読まずに、タイまたはトと読み、③にある邪馬壹国の壹をイまたはイチと読まずに、臺の誤りとみる解釈が混乱をさらに大きくしたことです。

いずれの読みも音読であればイで、訓読であればイチとなり、その意味は市《いち》になります。③では市《いち》のことを倭や壹だけではなく、一や伊都の字も使っていますから、市《いち》に置き換えてみれば理解ができるでしょう。

これまでの読み方や解釈を、筆者も無批判に受け入れてきましたが、よくよく考えてみると風が吹けば桶屋が儲かる方式のこの解釈には、先に結論があって理屈を後から付けた感が否めないのです。

また、既に指摘されているように、中国で臺を使うのは皇帝が住む宮殿や、仙人が住むといわれるところに限られており、省略文字であろうとなかろうと、東夷の蛮族とみる国にこの字を使うことはあり得ないでしょう。邪馬と臺ではスッポンと月を組み合わせたようなものです。ですから、もし台を使わずに臺を用いていたとすれば、それこそが誤りとみるべきでしょう。

現に、『魏志』は邪馬壹国の女王に就いた壹與《いちよ》が、二五〇年頃帯方郡から派遣された張政《ちようせい》らの使者を送り届けた後、大夫・率善中郎将《そつぜんちゅうろうしょう》の掖邪狗《わきやく》を倭国の使者として、魏帝《ぎてい》に朝貢したことを次のように記しています。

「因《よ》って臺《だい》(都)に詣《いた》り、男女の生口三十人を献上し、白珠(真珠)五千・孔青大句珠(ヒスイの大きな勾玉)二枚・異文の雑錦(珍しい模様の絹織物)二十匹を貢《みつ》ぐ」

この中にある臺とは皇居のある都のことですから、きちんと使い分けをしており、邪馬壹国の壹が臺の誤りであるというのはおかしなことです。

なお、筆者はこれまで台は臺の省略文字ではない台であって、その意味は鋳鉄に熱を加えて鍛造すること、つまり邪馬台国とは山上で鍛冶加工を行う国だと解してきました。しかし、こうした国は他にも多数あったとみられる上に、なぜ台が壹になったのかについては考慮しませんでした。こうした一連のことを反省し、古くて新しいこの難問に焦点を当ててみました。

①邪馬について

自然の山を意味するというだけでは不十分とみました。この山は自然にあるものではなく、人工的に造った山、即ち墳丘墓や古墳を指しています。かつて土葬が行われていた時代、棺を墓に埋葬する役割の人(身内の親族でない人)をヤマトといっていましたが、ヤマとは土を盛り上げて造った土饅頭《どまんじゅう》の墳丘のことで、トは人です。したがって、ヤマトの国といえば、墳丘や古墳を造る人々の国となります。

②倭・台・壹・伊・一について、

臺の省略文字や誤りではなく、読み方はいずれも音読であればイで、市《いち》の音訳文字ですから、訓読であればイチとなります。

③邪馬台国・邪馬壹国について

①と②からすると、音読であればどちらもヤマイコクとなり、訓読であればヤマイチノクニとなり、意味は墳丘墓のある所に市《いち》が立つ国となります。

④伊都国について

②からすると、音読ではイトコクで訓読ではイチノクニとなり、海外交易の拠点となっていたことがわかります。

市《いち》に行って売買をするには、主宰者である大市《おおいち》に手数料（『魏志』にある祖賦《そふ》のことで塩・籾米《もみごめ》・麦などを想定）を払えば、誰でも参加できたとみられますが、取引には争いごとも起きますから、大倭《おおいち》の役目はそれを上手に収めること、あるいは裁く権限を持ち、それを担保するため常に武人を帯同させていたと考えられます。

また、大倭王《おおいち》が任命して派遣する大倭《おおいち》には、間違いなく市《いち》の主宰者であることを示すため、任命の際に刀剣などの武具が与えられていたとみられますから、後期後半の墳墓からそれが出土した場合、首長の王なのか市《いち》の主宰者の大倭《おおいち》なのか、改めて検討が必要となります。

こうしたことからみれば、大倭《おおいち》王がいる邪馬《やま》台国《いちのくに》とは、水運・陸運に恵まれた国であって、記紀流にいえば「六合《りくごう》の最中《もなか》」あるいは「豊葦原《とよあしはら》の中つ国」となり、その地は琵琶湖のある近江をおいてほかに見当たりません。日本海と瀬戸内海の接点、東国と西国の中間、貝の道のほぼ中間となり、全国的なネットワークがあれば自然とここに物資は集まってきますから、何をするにも便利な地勢であることは今も昔も変わらないでしょう。いうなれば古代にも近江商人がいて、主要な三十余国に全国的な流通のネットワークを築き、大倭《おおいち》王によって市《いち》の主宰者である大倭《おおいち》とものづくりの工人が派遣され、流通を牛耳っていたということになります。

なお、ヤマト朝廷時代の市司《いちのつかさ》をみますと、その権限は原則として一代限りの終身制ですが、死亡したとき、不都合なことがあったとき、あるいは朝廷の大王が変わったときに別の者を任命する慣わしがありましたから、そのことはおそらく大倭《おおいち》の時代も同じではなかったかと考えられます。

そのネットワークの重要な拠点が、海外交易の窓口であった面上《おか》国（後の伊都《いち》国）にほかなりません。したがって、邪馬台国と面上国あるいは邪馬壹国と伊都国は常に連合の主体であって運命共同体でもあり、二国間の協力関係がなければネットワークは機能せず、倭国全体がおぼつかないことは明らかなことです。なお、卑弥呼《ひみこ》という名についてですが、卑は俾の省略文字で神に仕えるという意味、弥呼は巫女《かんなみ》を意味する音訳文字とみられます。

読めます。

⑤狗奴国について

これまではクナコクと読むのが一般的でした。しかし、最近ではカヌコク説もあります。『魏志』韓伝にある弁辰狗邪国をこれまではベンシンクヤコク、同倭人伝にある狗邪韓国をクヤカンコクと読んでいましたが、狗邪とは南朝鮮の伽耶《かや》のことですから、前者はベンシンカヤコクと、後者はカヤカンコクもしくはカヤカラクニと読むことが可能ですから、カヌと

カヌの意味ですが、川や沼の多い湿地帯という意味の川沼《かぬ》、金属という意味の金《かぬ》、鍛冶師を意味する鍛奴《かぬ》の三とおり考えられます。倭国を二分するほどの力を持つ国ですから、構成メンバーは鍛冶族だけに限らないので川沼《かぬ》とみました。

狗奴国の男王は卑弥弓呼《ひみひこ》ですが、卑は俾の省略文字で神に仕えるという意味、弓は弼《ひっ》の省略文字で弥弓呼は巫男《かんなぎ》を意味する音訳文字とみられます。

三　倭人の朝貢

奴国による五七年の朝貢

五世紀に書かれた『後漢書』列伝は、中国の南朝宋《そう》代の人である范曄《はんよう》（三九八～四四五年）の手によるもので、『魏志』より一五〇年以上後に書かれたものです。大方は『魏志』の焼き直しともみられますが、それには倭国のことを次のように記しています（巻八五・東夷列伝）。

「倭は韓の東南大海の中に在《あ》り、山島に依《よ》りて居を為《な》し、凡《およ》そ百余国あり。武帝の朝鮮を滅ぼしてより、使駅（通訳）が漢に通ずる者三十許《ばかり》の国あり。国ごとに皆王と称し、世世《よよ》統を伝う（世襲制となっている）。其の大倭王は邪馬台国に居す。建武中元《けんむちゅうげん》二年（五七年）、倭の奴《ぬ》国、貢《みつぎ》を奉げて朝賀す。使人（使者）は自ら大夫と称す。倭国の極南界なり。光武《こうぶ》賜うに印綬《いんじゅ》を以《もっ》てす」

これによれば、倭国には漢語の通ずる国が三十カ国ほどあって国ごとに世襲の王がおり、大倭《おおいち》王に就任した者は邪馬台国《やまいちのくに》に居住している。その中の一つの国である奴国《ぬのくに》（『魏志』にある二番目の奴国と勘違いをして極南界と書いた）が、建武中元《けんむちゅうげん》二年（五七年）に朝賀してきたので、光武帝《こうぶ》が印綬《いんじゅ》を授けたとあります。

後漢《ごかん》の光武帝《こうぶてい》（二五〜五七年）による植民地融和政策の結果、朝鮮南部では国家形成が進み、四四年になると中国東北地方に割拠する諸族の中には、遼東郡や楽浪郡に朝貢する者が現れました。なぜなら、後漢では朝貢した者に対し、その数倍の価値がある下賜品を授けたからです。

こうした情報を得たであろう北九州の奴国王は、南朝鮮にいた韓族・倭族の王らとともに楽浪郡と交渉して朝貢を認められ、五七年に「漢委奴国王《かんのいのぬのこくおう》」の印綬を得ました。この年はちょうど光武帝から明帝《めいてい》（五七〜七五年）に代わったときでもありますが、印綬に刻まれた文字の意味を通訳から聞き、王は激怒したことでしょう。委の字はともかく、博多湾に広がる湿地帯を表す国号のヌが、奴と記されていたからです。

『魏志』に記載された国名のわかる倭国の国は三十カ国ですが、うち奴の字を用いた国は九カ国にもなります。魏の役人が通訳から聞いた発音によるものとはいえ、充てた漢字の意味するものは、明らかに奴婢の国を意味したとみられ、韓伝に記載された国名とは大違いです。

なぜそうしたのかといえば、倭国の主要な王には鍛冶族が多かったとみられ、しかも彼らは大陸から逃亡してきた渡来人である、こうしたことがわかっていたからではないでしょうか。中国人の感覚からすれば、彼らのような鍛冶族は工房で働く奴婢的な存在にすぎず、身分的には下層民の扱いでした。

奴国王は奴婢をまとめている東夷の蛮族と軽んじられ、漢の下僕と卑下されたことは一目瞭然で、これでは漢語の通訳がいる他の国々に、黄金の王印を使用することも見せることもできません。しかも、下賜した光武帝は既に死亡したとのこと、縁起の悪い王印を前にして不満が募ったと思われます。そこで皇帝を呪う儀式を行って印綬は志賀島に埋め、後漢《ごかん》の滅亡を祈念したと想定されます。

一方、下賜された銅鏡・刀剣は複製品を作るための原版として大事に用いられたことでしょう。北九州では銅鏡・刀剣・玉といういわゆる三種の神器を、早くから王者の宝器として所有されており、王は従う集落の首長に対し貢献度に応じた宝器を授け、首長は貢物を上納し、あるいは下働きの人手を出していたとみられるからです。いいかえれば、上下君臣の関係を認めるミニ誓約《うけい》のような制度があったということになるでしょう。

一〇七年の朝貢と面上国

一〇七年倭国の面上《おか》国王である帥升《そつと》など複数の王が、共同で後漢の安帝《あんてい》（一〇六～一二五年）に朝貢をしました。七世紀の翰苑《かんえん》所引の後漢書には次のようにあります。

「安帝《あんてい》の永初《えいしょ》元年、倭の面上《おか》（九世紀の通典《つてん》では面土）国王の帥升等《そつとら》、生口《せいこう》百六十人を献じ、願いて見《まみ》えんことを請う」

倭の面上国とは『魏志』にいう北九州の伊都国《いち》とみるのが通説で、末盧国《まつら》とする説もあります。佐賀県の松浦半島付近の住所には、今でも大字名に「○○免《めん》」とついていることから、末盧国説には一応説得力があります。ところが、二三八年当時の倭国の国々には「官・副」が置かれていたのに、末盧国の場合は置かれていませんでした。書き忘れたのではなく「官・副」を置く必要がなかった、なぜなら対外交易の窓口を廻って伊都国・奴国の連合と対立し、戦って敗れたため王国は滅び奴国の支配下にあったという説があります。

伊都国と奴国は弥生の渡来人系が主力であったのに対し、末盧国は先住の倭人系が主力で長年海人として交易に携わってきた実績がありますから、対立を深めたとの見方には首肯できるものがあり、この指摘は当たっているとみられるので、末盧国説は採り得ません。

他方、『魏志』によれば伊都国には代々王がいて、その王は皆女王国（邪馬壹国）に統治されていたとあります。つまり、『後漢書』にいう邪馬台国に住む大倭王によって統治されていたとみられるので、伊都国の前身である面上国はその支配下にあった王ということになります。そこで、この頃の面上国王墓とみられる遺跡をみてみましょう。

○北九州の王墓遺跡

①福岡県の井原鑓溝《いわらやりみぞ》遺跡（糸島市）

後期中葉の男王墓とみられます。

甕棺墓《かめかんぼ》から新と後漢初期の銅鏡片数十、鎧の板のようなもの、刀剣類、巴形銅器《ともえがたどうき》二が出土（一七八〇年代の江戸時代末期に発見されたもので、銅鏡片・巴形銅器の拓本以外は現存しません）

②福岡県の平原《ひらばる》遺跡（糸島市）

①に続く後期中葉の女王墓とみられます。

一号方形墳丘墓（一四×一〇・五メートル）

銅鏡四〇（直径四六・五センチの倭製大型内行花紋鏡《ないこうかもんきょう》を含み出土枚数が最多、二枚が完形で残りは埋葬前に破砕したと推定）

ガラス勾玉三、メノウ管玉一二、ガラス丸玉約五〇〇、ガラス小玉約五〇〇、ガラス管玉三〇以上、ガラス連玉約八八六、耳珠《みみたま》三

素環頭《すかんとう》大刀一、鉄鏃《てつやじり》一〇、鉄槍鉋《てつやりがんな》一、鉄鑿《てつのみ》一、鉄斧《てつおの》一

①は②の近くにあるのですが、江戸時代のことなので詳細はわかりません。出土した銅鏡からみて、面上国王であった帥升《そっと》の可能性が高いとみられています。面には海の見える丘という意味もありますが、正面の入り口という意味もありますから、外交や交易の入り口の国とみれば意味は通じます。ただし、それが倭国において正式な国名であったのかといえば疑問があります。

なお、帥升《そっと》という名前は使節団を率いて都に上ったということ、あるいは武人の将を意味する

軍師（軍事長官）的な役職を表したとみるべきですから、卑弥呼の時代に邪馬壹国が伊都国に置いた一大率《いちのおおいざ》のような官職とみられ、いずれにしても固有名詞ではないでしょう。

したがって、大朝貢団を率いて後漢の都に上洛した面上国王は、連合の軍師を兼ねた海人であったと解されるのですが、中国人の感覚からすれば軍師は王の下で働く者ですから、奴国王のような印綬の下賜はなかったものの、漢鏡など相当の下賜品があったとみられ、彼らの狙いは一応成功したとみざるを得ません。

この朝貢が注目されるのは、何といっても一六〇人という献上した生口の多さですが、生口とは何でしょうか。一般には奴隷といわれていますが、そうであれば奴婢と記すでしょう。生とは神に奉げる生贄《いけにえ》のこと、口は一般には人の口と解されていますが、象形文字（甲骨文字）では神に願いごとを書いた札を入れて祭壇に置く入れ物のことですから、生口とは神に奉げられた召使の男女のことで、通常はシャーマン（巫女《かんなみ》・巫男《かんなぎ》）の下僕として雑用をこなすほか、神楽舞などの舞楽を行う人々でもあり、献上は洛陽の宮殿で行われる舞楽のためであったとみられます。

二三八年に卑弥呼が魏《ぎ》に献上したのは男四人、女六人の一〇人で、年次は不明ですが壹與《いちょ》が魏に献上したのは男女三〇人にすぎませんから、一六〇人も集めるとなれば、多くの国々が参加する連合があったはずで、その力は侮れません。例えば、一カ国五人程度を出すとしても三十二カ国程度が必要となり、その数は概ね通訳の通ずる三〇カ国と同じ数となります。

中期における遺跡をみますと、神楽舞などの神祀りが盛んに行われていたとみられるのは出雲を中心とする山陰ですから、朝貢をした邪馬台国連合は日本海に面した国々が主体であったと想定され、卑弥呼の前にいた男王の大倭王《おおいち》は、それらの国々を中心として大倭《おおいち》を派遣していたとみられます。

一八五年頃の朝貢

倭人によるこれまでの漢への朝貢をみますと、倭国内の主導権を握った者がその力を背景として後漢に朝貢してきたことは間違いないでしょう。であれば、卑弥呼が邪馬壹国連合の女王に就任した一八五年頃、朝貢があったとみるのは当然のことです。

その朝貢と関係があるのではないかといわれているのが、奈良県の四世紀後半の前方後円墳である東大寺山古墳(天理市)から出土した鉄剣九、鉄刀二〇です。この古墳には盗掘によって持ち去られた鉄剣・鉄刀があったといわれ、古墳の主が生前膨大な数を所有していたことに驚きを禁じえません。後記のとおり後期後半~終末期の出土鉄剣・鉄刀が八五ですから、一カ所からいかに多くの本数が出土したかわかるでしょう。

二三八年の魏への卑弥呼の朝貢で下賜されたのは鉄刀二ですから、出土本数の多さは二世紀末葉から四世紀中葉に至るまで、かなりの回数の朝貢があったことを裏付けているとみられます。

その中にあった一〇三センチの鉄刀に、次のような金象嵌《きんぞうがん》の銘文が施されていました(□は不明の漢字)。

「中平□年　五月丙午　造作文刀　百練清剛　上應星宿　下辟不□」

その意味は、「中平○年の五月吉日　清らかな鋼を百たび練って　見事な刀を造作する　上は星座に応じ　下は不詳を避ける」と解読されています。

中平の年号は、一八四〜一八九年の霊帝《れいてい》のときですが、この頃の後漢では太平道を率いた張角《ちょうかく》が黄巾賊の乱を起こし、張魯《ちょうろ》の率いる五斗米道《ごとべいどう》は独自の宗教国家を立ち上げ、各地で豪族が蜂起するなど、帝国は終末的な様相を呈していました。

史書に記載はありませんが、邪馬壹国連合が遼東郡を通じて朝貢した結果、下賜品として得たものの一つであったとみるべきでしょう。鉄剣・鉄刀が埋納されていた古墳の主は、ヤマト朝廷の大王を支えた和珥《わに》氏の者とされ、和珥氏は日本海側から近江に移住してきた鍛冶族で、琵琶湖西岸の和邇《わに》村（現在は大津市）に居住していたといわれており、船載ものの刀剣を加工する技術を有し、そのことによって大倭王《おおいち》を支えていた有力者であったとみられるのです。

ただし、邪馬壹国連合は壹與《いちよ》女王のとき、近江から大和に遷都したとみられることから、中国の王朝から下賜されて以降、これらの刀剣は和珥氏が伝世していたものと見ざるを得ません。

ところで、当時の楽浪郡や遼東郡は混乱しているから、卑弥呼の朝貢はあり得ないとする論者がみられます。先にみたとおり、一八四年に公孫度《こうそんど》が遼東郡太守となったのですが、彼は直ちに遼東侯を名乗って後漢に反抗したわけではありません。なぜなら、彼を太守に推薦したのは実力者の董卓《とうたく》で、まだ都で健在ですから反抗することなどできません。董卓が都を洛陽から長安に移して一九二年に討たれたとき、中央に後ろ盾がなくなったので自立を始めたというわけです。

また、彼は遼東侯を名乗りましたが燕《えん》王を称した事実はありません。二三三年に三代目の公孫《こうそん》淵《えん》が呉《ご》に臣従を申し入れたとき、孫権《そんけん》が使者を派遣して燕王を与えたのに対し、それを裏切って使者の首を刎ね魏《ぎ》に届けます。状況を見ていた魏が二三七年に遼東を攻めたとき、公孫淵は掌を返したように燕王を称して呉に援軍を依頼し、魏軍を迎え討つこととしたのでした。

一八五年女王に就任した卑弥呼とすれば、楽浪郡はもはや頼りになりませんから、交易の相手は遼東郡となり、必死の交渉が行われたことでしょう。一方、それを受ける公孫度としても、大国の倭国が朝貢をすれば董卓の覚えがめでたくなりますから、直ちに応じたことは間違いないでしょう。

鬼道を操って衆を惑わし、朝貢に際して銅鏡(魔鏡)を所望したという卑弥呼の狙いは、太陽神に仕える俾人《ひじん》として振舞うため、生口《せいこう》(俾人《ひじん》に仕える下僕)が神殿で神に奉げる舞いや踊りを行うとき、銅鏡を用いることにあったのでしょう。

それを手に入れることができたのは、二三八年の魏による銅鏡の下賜が最初ではなく、就任後間もなく後漢へ朝貢して下賜品を得たとき以来のことで、それ以降鉄器・青銅器の払い下げにおいても、遼東郡との関係は密接であったと解されます。

四　西日本の集落

九州

人口増加に伴う新規開墾適地の争奪と集落再編の争いは、高地性集落が出現した中期末から後期前葉まで約一〇〇年間続きます。その結果、低地・丘陵地・高地を問わず規模も様々な環濠集落ができます。また、農民や漁民の居住を主体とする一般集落に対し、大型の環濠集落では祭事・政事・軍事を執行する指導者層のほか、織布・木工・土師・鍛冶・玉作りなどのものづくり工人や指導者に仕える奴婢などが居住し、指導者層を補助する者は中小の環濠集落に居住するという分化現象が顕著となります。しかし、全体的にみれば集落数や墳墓数は、中期に比較すると著しく減少しました。

墳墓が判明しているのは今のところ福岡県だけですが、墳形が方形墳丘墓・区画墓・隅丸《すみまる》方形墳丘墓・円形墳丘墓とばらばらで統一性はみられません。

○環濠・高地性集落の遺跡事例

福岡県　今宿五郎江・野方中原・雀居・比恵（以上福岡市）

大南（春日市）、平塚川添・西ノ迫（以上朝倉市）
道倉（久留米市）、三国の鼻（小郡市）、フケ（北九州市）

佐賀県　千塔山（基山町）、原古賀三本谷（みやき町）
岡浦・惣座・榎木（以上佐賀市）
松原・吉野ヶ里（以上吉野ヶ里町・神埼市）

長崎県　原の辻・唐神（以上壱岐市）

大分県　小郡（宇佐市）、下郡（大分市）、白岩（玖珠町）
松本・中原船久手・二本木（以上豊後大野市）
三輪教田・佐寺原・小迫辻原（以上日田市）

宮崎県　下郷（宮崎市）、塚原（国富町）

熊本県　蒲生上原・方保田東原（以上山鹿市）、小野崎・台（以上菊池市）
二子塚（嘉島町）

鹿児島県　松木薗（南さつま市）

一般集落と環濠集落がほぼ水系ごとに連合体としてまとまり、史書に登場する対馬《つしま》国・一支《いき》国・末盧《まつら》国・面上《おか》国（後の伊都《いち》国）・奴《ぬ》国・不弥《ふみ》国のような王国ができました。

中期に栄えた大環濠集落は後期になると衰えた所が多いのですが、吉野ヶ里の場合はその例外的なものです。ただし、墳墓がどのようなものであったのかは不明です。

大集落が衰退する最大の原因は頻繁に起きた水害もありますが、土師・鍛冶に要する大量の樹木を周辺の野山から確保できなくなり、他所に移住したことにあったとみられます。吉野ヶ里の場合は、青銅器や鉄器の加工を大規模に行ってこなかったことが功を奏したのかもしれません。

北九州の山師・鍛冶師が資源と燃料を求めて移動したルートは、後年の集落形成と金属鉱山の分布からみて、次の四ルートがあったとみられます。

①山陰ルート　②山陽ルート　③四国ルート　④九州南下ルート

①・②・③の場合は、未開発地が東方にあるので近畿・北陸・東海へとさらに移動したのに対し、④はそれ以上南下しても未開発地はないので、資源を長く使うため自給自足的な利用に限り、後からよそ者が入ってきた場合は、徹底的に排除していたことが想定されるでしょう。

当時の鍛冶師が行っていた金属採掘は、地表に露出したものに限定されるため、山師は河川の中流から上流にかけての崖地（クシ・クジ・クゼ・クシラ・クジラなどの地名がある）を好んで探鉱するのが常ですから、彼らは移動ルートにおいて探鉱を行っていたと考えられます。

また、山師が探鉱を行うときは、メノウなど玉石類の原石の探査も合わせて行い、河川の中・下流でみられる流石を拾って調べ、可能性があるとみれば上流へ向かったとみられます。

中国・四国

大集落の事例としては、岡山県の津島（岡山市）と鳥取県の妻木晩田《むきばんだ》（米子市）を挙げることができます。ただし、前者は環濠集落ではなく、後者は新しい技術を持った渡来人による環濠集落ですから、北九州から移住もしくは朝鮮から渡来のいずれかであったとみられます。

岡山県の津島江道・津島などではスイトウ栽培を早くから導入し、旭川などの中小河川を活用して平野部一体に広めたことにより、人口増加が著しかったとみられ、また瀬戸内水運の中継基地として重要な位置を占めていたことから、『魏志』に登場する投馬《つしま》国に成長したと想定されます。

なぜなら、邪馬壹国の七万戸に次ぐ五万戸と人口が多く、投馬はツシマと読むことが可能だからです。ツマもしくはツモと読んで出雲《いずも》国を想定する考えも出されていますが、吉備《きび》国ほどの水田はなかったとみられ、邪馬壹国に次ぐ戸数はなかったはずです。平安時代の和名抄《わみょうしょう》（九三一～九三八年）にある田積数をみると、出雲と伯耆《ほうき》を合わせても吉備の約半分にすぎません。

○山陰と吉備の水田稲作比較（和名抄田積数より）

伯耆	約　八一六二　町歩	備前	約一三一八六　町歩
出雲	九四三六	備中	一〇二二八
		備後	九三〇一
計	一七五九八		三二七一五

環濠・高地性集落は一部でみられるものの、集落全体の中に占める割合は極めて少ないという特徴があります。それだけ他所からの侵入は少なかったとみられます。ただし、河川の中流部・上流部には、北九州や朝鮮から山師・鍛冶師・土師師・玉作師の移住があったと考えられます。

○環濠・高地性集落の遺跡事例

山口県　石走山（田布施町）、清水（岩国市）
広島県　焼け（北広島町）
岡山県　京免（矢掛町）
島根県　古八幡（江津市）
鳥取県　妻木晩田・日下寺山・尾高浅山（以上米子市）、青谷上寺地（鳥取市）
徳島県　カネガ・檜はちまき（以上鳴門市）

岡山県の墓制では、備前・備中に丘陵地の方形墳丘墓と一部に円形墳丘墓がみられ、これに突出付きのものや大型のものが造られるようになり、四国の香川県では平野部に突出付円形周溝墓、丘陵地に突出付円形墳丘墓が、徳島県ではやや遅れて同じものがみられます。

島根県・鳥取県とその影響を受けた広島県・岡山県の北部地域では、方形貼石墳丘墓と四隅突出形墳丘墓（方形貼石墳丘墓を変化させたもの）があって、前者は鳥取県の因幡《いなば》・伯耆《ほうき》に多く、後者は出雲に多くあります。中期では圧倒的に方形貼石墳丘墓でしたが、四隅突出形墳丘墓の増加が特徴的です。

○方形貼石墳丘墓と四隅突出形墳丘墓

広島県　四隅突出形墳丘墓　佐田谷・田尻山（庄原市）、歳ノ神（北広島町）
岡山県　四隅突出形墳丘墓　竹田（津山市）
　　　　方形貼石墳丘墓　門の山（津山市）
島根県　四隅突出形墳丘墓　順庵原（邑南町）、友田（松江市）
　　　　方形貼石墳丘墓　渡来浜（江津市）、青木（出雲市）
鳥取県　四隅突出形墳丘墓　日下・尾高浅山・洞ノ原（以上米子市）
　　　　　　　　　　　　仙谷（大山町）
　　　　　　　　　　　　阿弥大寺・紫栗（以上倉吉市）
　　　　　　　　　　　　宮内（湯梨浜町）、西桂見（鳥取市）
　　　　方形貼石墳丘墓　新井三嶋谷・布勢鶴指奥（以上鳥取市）

近畿

大阪府の池上《いけがみ》・曽根《そね》、奈良県の平等坊《びょうどうぼう》・岩室《いわむろ》、唐古《からこ》・鍵《かぎ》、坪井《つぼい》・大福《だいふく》の大集落では、円形状の大溝を後から造成して防御性を強化したとみられます。朝鮮半島が漢の支配によって混乱したことに伴い、倭国に逃亡して新集落をつくろうとする動き、あるいは集落間でも多くの抗争があったことによるもので、兵庫県は特に激しかったとみられます。

大阪平野の東部に開かれた亀井（八尾市）、奈良盆地の中央部に開かれた多《おお》（田原本町）の大集落や和歌山平野の一部の集落は後期になると衰えました。衰えた最大の理由は集落近辺の森林伐採が進み、燃料の調達ができなくなったことと水害が頻発したことにあったとみられます。

一方、滋賀県の集落は中期末から大規模化し、後期になると最盛期を迎えていることから、衰えた集落からの移住に加えて、山陰・山陽方面から山師・鍛冶師・土師師・玉作師の移住があったのではないかと考えられ、その理由は次の三点に集約されるでしょう。

①西日本と東日本の結節点に位置し、水運・陸運ともに要衝の地にあって物資の集散が容易であったこと。

水運でみれば、琵琶湖は瀬戸内海の奥座敷ともいえるところです。大阪湾から河内潟に入った外洋船は難波津に泊まり、ここから川舟に変えて淀川を上り、桂川・宇治川・木津川の三川が合流する遊水地帯に入り、真ん中の宇治川を上るとやがて山峡の瀬田川となり琵琶湖に至ります。

日本海側からのアプローチは、由良川と加古川をつないで瀬戸内へ、もしくは由良川と保津川をつないで淀川へ、あるいは若狭湾から近江へ入ることになります。

また、陸運でみれば琵琶湖北岸から北陸道へ、琵琶湖東岸から東山道と東海道に至ります。

②スイトウ栽培の適地が広くあって、多くの人を養うことができたこと。
琵琶湖沿岸の近江平野は水の豊かな中小河川に恵まれ、天然のダム湖である琵琶湖もあって、灌漑用水の確保が容易であったことから、スイトウ栽培が盛んに行われたとみられます(後記の田積数と戸数の関係を参照)。

③銅鉱・磁鉄鉱・砂鉄・褐鉄鉱《かってっこう》・マンガン鉱・石灰石の鉱物資源に恵まれ、各方面から多くの山師・鍛冶師・玉作師が集まったとみられること。
近江はマンガン鉱が特に多いところですから、砂鉄と並んで海外交易の重要な品目であったとみられます(後記の製鉄とマンガン鉱を参照)。


墓制については、近畿北部(兵庫県の但馬・丹波、京都府の丹波・丹後)では方形台状墓(山間で平地が少ないため盛土ではなく丘陵地を削ったもの)が出現し、盆地の平野部を農地になどにして有効に使おうとしたことが窺われ、京都府の奈具岡(京丹後市)では方形貼石台状墓がみられます。

また、兵庫県の播磨・摂津では平野部に円形周溝墓と一部に突出部付円形周溝墓が、また摂津では丘陵地に方形墳丘墓があり、京都府の山城では平地の方形周溝墓が減って丘陵地の方形墳丘墓が多くなり、大阪府・滋賀県では方形周溝墓が主で一部に東瀬戸内の影響とみられる円形周溝墓がみられ、奈良県では方形周溝墓のみ、三重県では方形周溝墓が主で一部に方形墳丘墓がみられます。

○環濠・高地性集落の遺跡事例

兵庫県　会下山（芦屋市）、奈カリ与（三田市）、仁川五ヵ山（西宮市）
　表山・加茂・保久良神社・伯母野山・青谷・頭高山（以上神戸市）、寄居（たつの市）、
　横坂丘陵（佐用町）、金鑵城（小野市）、
　大盛山（朝来市）、東家ノ上・赤尾・田和（以上養父市）
　亀ヶ崎（豊岡市）、塩平西（淡路市）、大山神社（家島町）
大阪府　古曽部・芝谷（以上高槻市）、東山（河南町）、野々井（堺市）
　観音寺山（和泉市）、池上・曽根（以上和泉市・和泉大津市）
奈良県　平等坊・岩室・東大寺山（以上天理市）、唐古・鍵（以上田原本町）
　坪井・大福（以上橿原市）、桜井公園（桜井市）、鴨都波（御所市）
京都府　上久世（京都市）、木津城山（木津川市）、途中ヶ丘（京丹後市）
滋賀県　二ノ畦横枕・服部・伊勢（以上守山市）、針江北・川北（以上高島市）
　下鈎（栗東市）
三重県　大城・林垣内（以上津市）、堀町・村竹コノ・天花寺丘陵（以上松阪市）

天王（鈴鹿市）

和歌山県　田殿尾中（有田川町）、太田黒田（和歌山市）

五　東日本の集落

東海・北陸・中部

これらの地域では平野の低地にあった集落が廃れて、丘陵地や山裾の比較的高い所に移住したとみられ、中小の集落が各地で急激に増加します。また、近畿で衰えた集落からの移住のほか、西日本から山師・鍛冶師・土師師・玉作師の移住があったのではないかと考えられ、その理由は先にみた滋賀県の場合とほぼ同じことでしょう。

拠点的大集落であった愛知県の朝日（清須市・名古屋市）が急速に衰えたのは、過度の森林伐採や洪水による影響とみられます。逆に岐阜県の揖斐川・長良川・木曽川の中・上流地域では、中期末から集落ができて後期になると最盛期を迎え、東海地方では三遠式銅鐸《さんえんしきどうたく》（近畿式と違ってヒレに飾り耳がない）が盛行しました。なお、静岡県の阿倍川下流にある登呂《とろ》（静岡市）は、後期を代表する集落遺跡として有名ですが、環濠は確認されておりません。

東海の墓制は主として方形周溝墓であり、岐阜県・愛知県尾張は後葉になると一部に方形墳丘墓、愛知県三河では一部に突出部付方形墳丘墓がみられます。

北陸の福井県は前葉に平地の方形周溝墓が減って丘陵地の方形墳丘墓が多くなり、中葉になると一部に貼り石のない四隅突出形墳丘墓がみられるのは、出雲方面から移住があったことによるものでしょう。石川県は方形周溝墓が主ですが一部に円形墳丘墓がみられ、後葉に邪馬壹国が派遣した大倭《おおいち》との関係が想定されます。富山県は方形周溝墓のみとなります。

中部の長野県は千曲川流域に円形墳丘墓があって、鉄剣・鉄釧・銅釧・玉類の副葬がみられ、後葉に邪馬壹国が派遣した大倭がいたと考えられます。長野県の天竜川流域と新潟県は方形周溝墓が主で一部に方形墳丘墓がみられ、山梨県では方形周溝墓のみとなります。

○環濠・高地性集落の遺跡事例

岐阜県　荒尾南・東町田(大垣市)、いづめ(揖斐川町)、牛垣内(高山市)

愛知県　見晴台・三王山(以上名古屋市)、朝日(清須市・名古屋市)

阿弥陀寺(あま市)、梅坪(豊田市)、赤日子(蒲郡市)、若宮(豊橋市)

静岡県　伊場・松東・山の神(以上浜松市)、愛野向山(袋井市)、赤谷(菊川市)

石川県　西念南新保(金沢市)、河田山(小松市)、東的場タケノハナ(羽咋市)

鉢状茶臼山(かほく市)、杉谷チャノバタケ(中能登町)

北吉田フルワ（志賀町）

富山県　新堀西（富山市）

新潟県　古津八幡山（新潟市）、裏山（上越市）、斐田（妙高市）

山元・釜蓋（以上村上市）

長野県　篠ノ井（長野市）、餅田西一里塚・戸坂（以上佐久市）、上木戸（塩尻市）

城の前・大門田・八名の上（以上東御市）、中村（伊那市）

山梨県　金の尾（甲斐市）

○突線鈕《とっせんちゅう》式銅鐸（見る銅鐸）の出土数

四国　徳島県　八

近畿　兵庫県摂津　七

滋賀県　二二

奈良県　五

和歌山県　一四

東海　愛知県三河　一一

静岡県遠江　二七

関東

中小の環濠・高地性集落が増加します。ただし、栃木県や茨城県の北部ではみられず、寒冷化気候の影響があったとみられます。

墓制は方形周溝墓が主で、後葉になると群馬県の一部に円形周溝墓がみられ、鉄剣・鉄釧・銅釧・玉類の副葬がみられるので、古代の毛野《けの》国に大倭王《おおいち》が派遣した大倭《おおいち》がいたと考えられます。

○環濠・高地性集落の遺跡事例

神奈川県　そとごう・殿屋敷・大塚・四枚畑・網崎山・大原（以上横浜市）

神埼（綾瀬市）、原口（平塚市）、海老名本郷（海老名市）

白久保（茅ヶ崎市）、千年伊勢山台（川崎市）

東京都　山王（大田区）、四葉地区（板橋区）、赤羽台（北区）、方南峰（杉並区）

下山（世田谷区）

千葉県　南総中（市原市）、道庭（東金市）、鹿島台（君津市）、萱野（館山市）

埼玉県　中里前原・中里前原北・北袋新堀・北宿・馬場北・深作東部（以上さいたま市）、

池上（熊谷市）、木曽根（羽生市）

午王山・吹上・花ノ木（以上和光市）、北通・南通（以上富士見市）

伊佐島（ふじみ野市）、

群馬県　日影平・町田小沢（以上沼田市）、高碕城三ノ丸・日高（以上高崎市）
茨城県　東中根（ひたちなか市）

六　北日本の集落

気候が寒冷化して海退現象があったとみられ、スイトウ栽培は行われなくなって弥生文化が後退し、続縄文文化の南下がみられるものの、その詳細については把握されていません。ただし、注目されるのが福島県の会津地方にある旧耶麻《やま》郡です。郡名の耶麻《やま》とは例の墳丘墓とみることが可能で、弥生末葉の卑弥呼の時代に重なる館ノ内（喜多方市）に方形周溝墓・四隅突出形墳丘墓が、屋敷（会津若松市）に方形周溝墓があります。ここから刀剣が出土していれば、大倭《おおいち》の派遣があって『魏志』にある邪馬《やま》国との見方ができるのですが、過去に出土したとの情報にとどまります。会津には漆の木が多かったとみられることから、北陸や関東から漆の収集のために進出したのでしょう。したがって、日本海側には「貝の道」に加えて「漆の道」のあったことがわかります。

書紀にある崇神《すじん》帝時代の四道将軍派遣の記事によれば、北陸から行った大彦命《おおひこのみこと》と東海から行った武渟川別《たけぬかわのわけ》がこの地で会ったことから会津という地名になったというのですが、北陸から進出があったとみられる四隅突出形墳丘墓があって、関東の毛野の勢力が鬼怒川を北上して進出したとみられる方形周溝墓もあることからすれば、単なる創作ともみられません。

七　ガラスと鉄器

ガラス製の釧を持つ首長

北九州の面上国《おか》と出雲の関連で注目される遺跡が福岡県の潤地頭給《うるうじとうきゅう》（糸島市）で、ここから中期後葉以降のものとみられる玉作工房跡が出土しました。碧玉の材料は島根県松江市の花仙山《かせんざん》産のものだったことがわかっており、このことは出雲《いずも》の首長と交易の窓口である面上国が提携関係に至ったことを示すもので、国の同盟があったとみることが可能です。

こうした同盟への進展を示すとみられるものが、後期中葉の頃の有力な首長が持っていたとみられる緑色や青紺色をした貴重なガラス釧《くしろ》で、出土した墳墓は全て日本海側にありますから、少なくても後期中葉までは同盟の主体がその方面にあったことを示しているものでしょう。

○後期後葉の墳墓とガラス釧の出土

①福岡県二塚甕棺墓（糸島市　緑色の鉛ガラス製二個）

②島根県西谷二号墓（出雲市　緑色の鉛ガラス製三個）

③京都府比丘尼屋敷墳墓（京丹後市　緑色の鉛ガラス製一個）

④京都府大風呂南一号墓（与謝野町　青紺色のカリガラス製一個）

また、この頃の鉄器生産地における墳墓から、多くのガラス製小玉が出土しており、その分布は九州から東北まで広がっていますから、今後発掘が進めばさらに増加することは確実でしょう。このことは、玉作りの多くが自然石加工からガラス加工に移行したことに伴い、大ブームとなって広がったとみられ、加工に要する省力化によって大増産が可能となり、見た目にもより美しいことが製造を助長していたとみられます。

○ガラス小玉の出土数が多い府県

九州　長崎県・佐賀県・福岡県・宮崎県・熊本県

中国　岡山県・山口県・島根県

近畿　京都府

東海　愛知県

北陸　石川県
中部　長野県
関東　千葉県・群馬県

鉄器製作の変容

漢の鉄器販売は国家専売事業ですから、民間が勝手に行うことは許されておらず、鉄官の許可を得て鉄鉱山の貸与を受け、販売額の約三〇パーセントを貸与料として納付する規制がありました。したがって、こうした規制が鉄鉱・砂鉄の産地である南朝鮮の辰韓・弁韓に及んでいたのかどうかが重要な問題です。

『魏志』の記述からすれば、漢の支配地ではないので採取に規制がなく、公孫の支配下にあっても同様とみられ、自由に採取し通貨の代用として使っていたとみざるを得ません。したがって、楽浪郡や帯方郡の商人はそれを買い取って工房で製鉄し、鉄斧のような鋳造鉄器に加工してから、その一部を三韓や倭国に払い下げていたとみられます。

朝鮮の国が製鉄技術を獲得したのは、楽浪郡と帯方郡がなくなって工房にいたタタラ師の工人を確保したときでしょう。したがって、その時期は高句麗が三一三年に西晋《せいしん》の楽浪郡を滅ぼし、翌年に帯方郡を滅ぼした後のこととみられます。

ところで、鉄剣の副葬は中期後葉に北部九州で始まりますが、後期になるとこれに鉄刀が加わり、北部九州との交易によって手に入れたとみられる山陰（鳥取県伯耆）・近畿北部（兵庫県丹波・京都府丹後）にもみられるようになります。これが後期後葉以降になると、次のように著しく拡大しました。かっこ内は、握りの部分に孔が開けられた双孔形といわれる鉄剣・鉄刀の内数です。

○後期後葉～終末期の鉄剣（鉄刀）の副葬地

九州三一（七）	福岡県	一八（一）	長崎県	一	佐賀県	三（二）
	大分県	三	熊本県	四（二）	宮崎県	三（一）
中国一三（一）	山口県	三	広島県	一（一）	岡山県	二
	島根県	一	鳥取県	五		
四国　一	愛媛県	一				
近畿一四（五）	兵庫県	四（二）	京都府	一〇（三）	滋賀県	二
	大阪府	一				
北陸一二（一）	福井県	七（一）	石川県	四	富山県	一
東海　二（二）	岐阜県	一（一）	静岡県	一（一）		
中部　三（三）	長野県	二（二）	新潟県	一（一）		
関東　九（九）	神奈川県	二（二）	東京都	二（二）	埼玉県	二（二）
	千葉県	一（一）	茨城県	一（一）	群馬県	二（二）

全体的に増加したほか、九州中南部・四国・北陸・東海・中部・関東に広がりました。中でも注目されるのは出土地に愛知県がみられないことで、邪馬壹国と狗奴国の対立に関係する重要な情報を含んでいるとみられるほか、北陸と関東の多さが目立ちます。

また、双孔形の鉄剣・鉄刀は国内で孔を開ける加工がなされ、ここに鹿角や木をはめこむためであったとされています。それが遠方地に拡大したのは、後期後半から終末期にかけての倭国の実態を示したもので、邪馬台国（邪馬壹国）の大倭王《おおいち》が大倭《おおいち》を任命して派遣するとき、下賜したことよるものであることを示唆していると考えられます。したがって、『魏志』にある女王国の傍国として示された二一カ国が、この出土地に関係しているというのが筆者の見方です。

なお、奈良県の四世紀後半の前方後円墳である東大寺山古墳（天理市）から出土した鉄刀二〇、鉄剣九の中に、後漢霊帝時代を示す中平の年号入り鉄刀があったことは先に取り上げたとおりですが、これ以外にもこの時期のものが入っている可能性は高いとみられるものの、その識別ができないため上記資料には一切含まれていません。

したがって、卑弥呼の前にいた男王の大倭王《おおいち》が持っていたもの、あるいは卑弥呼が朝貢によって得たであろうものが、東大寺山古墳に含まれていないかどうかを探ることが、今後の課題として残ります。

製鉄とマンガン鉱

製鉄の原料となる鉄鉱や砂鉄には、酸化物質や硫黄といった不純物を含むのが普通ですから、刃物に用いるような鋼を作るには、不純物を除くため脱酸素・脱硫黄が必須条件となります。そのため、製鉄のとき鉄鉱・砂鉄・石炭・木炭のほかに、マンガン鉱（融点一二四六度）・石灰石を投入することが不可避であり、古来の製法でもありました。

石灰石は各地にみられるので除きますが、日本におけるマンガン鉱山の分布数は左記のとおりで、滋賀県はマンガン鉱山が群を抜いて多く、京都府・岐阜県・栃木県も多いのですが、九州は少ないことがわかります。ただし、当時の三韓・倭国には大量生産の製鉄技術がないので、楽浪《らくろう》郡や帯方《たいほう》郡の商人に売却する交易品であったとみられます。なお、マンガン鉱には通常鉄分を含みます。

○マンガン鉱山の分布（出所は第三章の資料と同じ）

九州	長崎県	三	大分県	一	熊本県	二	鹿児島県	二
中国	山口県	四	岡山県	二	島根県	二		
四国	愛媛県	六	徳島県	一	高知県	五		
近畿	兵庫県	二	京都府	一二	滋賀県	四七	奈良県	九
	和歌山県	三	三重県	四				

北陸　福井県　一　石川県　一
東海　岐阜県　一一　愛知県　二　静岡県　七
中部　山梨県　一　長野県　六
関東　神奈川県　二　東京都　四　茨城県　二　群馬県　四　栃木県一五
東北　福島県　二　宮城県　一　秋田県　一　岩手県　七　青森県　二
北海道　二一

八　倭国の戸数

東夷の国々と西日本の戸数

『魏志』東夷伝にみえる国々の戸数は次のとおりであり、倭国内の八カ国だけの合計をみても一五万戸になりますから、当時の倭国は多くの人口を養うことができたとわかります。したがって、漢や魏が大国であるとの認識を持っていたことは確実でしょう。

○東夷の国々の戸数

扶余《ふよ》	八〇〇〇〇戸	
高句麗《こうくり》	三〇〇〇〇	
東沃沮《とうよくそ》	四〇〇〇	
濊《かい》	二〇〇〇〇	
馬韓《ばかん》	一〇〇〇〇〇	（五四カ国）
辰韓《しんかん》・弁韓《べんかん》	四〇〇〇〇〜五〇〇〇〇	（二四カ国）
倭国		（一〇〇余国）
対馬《つしま》国	一〇〇〇	
一支《いき》国	三〇〇〇	
末盧《まつら》国	四〇〇〇	
伊都《いち》国	一〇〇〇	
奴《ぬ》国	二〇〇〇〇	
不弥《ふみ》国	一〇〇〇	
投馬《つしま》国	五〇〇〇〇	
邪馬壹《やまいち》国	七〇〇〇〇	

『魏志』によれば伊都国一千余戸、奴国二万余戸ですから、筑前国全体では約三万戸と仮定します。一方、平安時代の和名抄田積数によれば筑前国は約一八五〇〇町歩ですから、一万戸あたり約六〇〇〇町歩で一戸あたり約六反歩となります。

また、投馬国を吉備国とみれば五万戸に対し約三二七一六町歩ですから、一万戸あたり約六五四三町歩となり、筑前国とほぼ一致しますから、ここでは一万戸あたり約六千町歩を基準として用いることにします。仮に、弥生時代の田積数がこの半分であったとしても、比較単位数でほぼ一致することは変わりません。

これを用いて後期の西日本の戸数を単純推計すると左記のようになります。これでみますと、対馬は水田が六百戸分しかないのに実戸数は一千戸であり、壱岐は一千戸分しかないのに実戸数は三千戸ですから、交易によって不足分を補っているという『魏志』の記述は正しいことがわかります。この逆のケースが伊都国とみられ、実戸数は一千戸ですが、その二～三倍を養えるだけの水田面積があったのではないでしょうか。そのために、ここが海外交易の拠点に選ばれたと考えられるのです。

○西日本諸国の和名抄田積数と弥生後期の推計戸数

九州	筑前	一八五〇〇　町歩	約　三〇八三〇　戸
	筑後	一二八〇〇	二一三三〇

	豊前	一三二〇〇	二二〇〇〇
	豊後	七五〇〇	一二五〇〇
	肥前	一三九〇〇	二三一七〇
	肥後	二三五〇〇	三九一七〇
	日向	四五〇〇	七五〇〇
	大隅	四五〇〇	七五〇〇
	薩摩	四五〇〇	七五〇〇
	壱岐	六二〇	一〇三〇
	対馬	四二八	七一〇
中国	長門	四六〇三	七六七〇
	周防	七八三四	一三〇六〇
	安芸	七三五八	一二二六〇
	備後	九三〇一	一五五〇〇
	備中	一〇二二八	一七〇五〇
	備前	一三一八六	二一九八〇
	美作	一一〇二一	一八三七〇
	出雲	九四三六	一五七三〇

	石見	四八八四	八一四〇
	隠岐	五八五	九八〇
	伯耆	八一六二	一三六〇〇
	因幡	七九一四	一三一九〇
四国	讃岐	一八六四八	三一〇八〇
	伊予	一三五〇一	二二五〇〇
	阿波	三四一五	五六九〇
	土佐	六四五一	一〇七五〇
近畿	播磨	二一四一四	三五六九〇
	但馬	七五五六	一二五九〇
	丹波	一〇六六六	一七七八〇
	摂津	一二五二五	二〇八八〇
	淡路	二六五一	四四二〇
	丹後	四七五六	七九三〇
	山城	八九六二	一四九四〇
	近江	三三四〇三	五五六七〇
	大和	一七九〇七	二九八五〇

河内	一一三三六	一八八九〇
和泉	四五七〇	七六二〇
伊賀	四〇五一	六七五〇
伊勢	一八一三一	三〇二二〇
志摩	一二四	二一〇
紀伊	七一九九	一二〇〇〇
計	四〇五七二六	六七六二三〇

田積数と戸数の関係

和名抄にある田積数と沖縄説を除く近畿以西における主要な邪馬壹国の所在説と推定戸数を合わせてみれば、次のようになります。

○邪馬壹国の所在説にみる和名抄田積数

九州	①博多湾岸説（筑前）	一八五〇〇 町歩	三〇八三〇 戸
	②京都郡説（豊前）	一三二〇〇	二二〇〇〇
	③筑後山門説（筑後）	一二八〇〇	二一三三〇
	④甘木・朝倉説（筑後）	一二八〇〇	二一三三〇

	⑤吉野ヶ里説（筑後＋α）	二〇〇〇〇	三三〇〇〇
	⑥諫早湾沿岸説（肥前）	一三九〇〇	二三一七〇
中国	⑦出雲説（出雲・伯耆）	一七五九八	二九三三〇
	⑧吉備説（備前・備中・備後）	三二七一五	五四五三〇
四国	⑨松山説（伊予）	一三五〇一	二二五〇〇
	⑩川之江説（伊予）	一三五〇一	二二五〇〇
	⑪阿波説（阿波）	三四一五	五六九〇
	⑫土佐説（土佐）	六四五一	一〇七五〇
近畿	⑬難波説（河内・和泉）	一五九〇六	二六五一〇
	⑭和泉説（河内・和泉）	一五九〇六	二六五一〇
	⑮奈良盆地説（大和）	一七九〇七	二九八五〇
	⑯吉野説（大和）	一七九〇七	二九八五〇
	⑰琵琶湖畔説（近江）	三三四〇三	五五六七〇

　邪馬壹国は七万戸ですから、約五五六七〇戸と最も多い⑰近江説が可能性として高くなります。しかも、連合の都ですから多くの商人や運送人が集まり、彼らを賄う分の食糧は周辺国から入っていたとみれば問題はありません。その分は約九〇〇〇町歩で、全体戸数の約二〇パーセントに

あたる一四〇〇〇戸に相当するということになります。

次に可能性が高いのは五四五三〇戸の⑧吉備説ですが、この説を採れば投馬国の五万戸を比定する国がなくなるので、この説は採り得ません。

また、⑮奈良盆地説では二九八五〇戸ですから、周辺国の産米に頼る分が約四万戸となり、街道の整備が不十分で全国支配に至っていない邪馬壹国ではこの説を採り得ません。

九　倭国争乱

気候変動

湿原や湖沼にみられる堆積物に含まれる花粉を分析し、気候変動を把握する手法によれば(阪口豊「尾瀬ヶ原盆地堆積物の花粉分析」一九八九年)、紀元～一五〇年頃は次第に気候が寒冷化に向かう時期ですが、その傾向は単純なものではなく、気温の上下を激しく繰り返しながら、経年全体としては徐々に下降し、一五〇～二〇〇年頃は逆に上昇、二〇〇～二七〇年頃は激しく下降して寒冷化したというものです。

このことを裏付けるかのように、集落遺跡においては大洪水に見舞われた跡がみられ、例えば岡山県の久田原《くたはら》・久田堀《くた》ノ内（以上鏡野町）・百間川《ひゃくけんがわ》（岡山市）、鳥取県の目具美《めぐみ》（米子市）、愛知県の朝日（清須市・名古屋市）においては壊滅的な被害のあったことが確認されました。

大洪水のあった遺跡の多くは、河口に近い微高地の平野に展開した集落で、弥生前期からスイトウ栽培を導入し、大規模な集落を形成していました。こうした大集落では周辺の丘陵地や山麓に分散移住し、新たな集落を形成したのですが、その周辺にも先住民の集落があり、争いごとは絶えなかったとみられます。

この時期は中国の統一国家である後漢《ごかん》の統治力が弱まり、分裂と抗争を繰り返す時代へと向かうのですが、気候の寒冷化現象は地球規模で起こっていたとみられ、大陸の場合は北方民族の南下や西進すなわち民族移動がありました。

その影響は島国の倭国にも及び、やがて中国の史書にいう大乱の時代となるのですが、ここでも住人の南下現象があったのかといえば、考古学上そのような事実を示すものは認められておりません。

ただし、紛争地が九州から瀬戸内、近畿、東海、北陸へと拡大したことは否めません。大陸における遊牧民の移動とは異なった問題があったことを念頭に、この時期を探ることにします。

南宮神と山王神の対立

七二四年の奈良時代のことになりますが、ヤマト朝廷は敵対する東北北部のエミシを鎮定するため、宮城県の多賀城市に多賀城を設置しました。そのとき陸奥鎮守府《むつちんじゅふ》（陸奥国と出羽国《でわ》の軍事を所管した役所）にいた陰陽師《おんみょうじ》は、城の安寧とエミシの鎮定を祈願するため、七北田川《ななきた》の流路と城の間に、北斗七星と北極星を祀る星座状の祭壇を組み、そこに次のような神社が配置されました（詳細については拙著『古代東北の城柵と北斗七星の祭祀』二〇一二年、無明舎出版を参照）。

①北極星の位置　塩竈神社（志波彦神社）
②北斗七星の位置　南宮《なんぐう》神社・日吉神社・多賀神社・浮島神社・高崎遺跡（天満宮）
仁和多利《にわたり》神社・弥栄《やさか》神社

②にある南宮神社・日吉神社・多賀神社・弥栄神社は、山師や鍛冶師の神を祀る岐阜県の南宮大社、滋賀県の日吉大社と多賀大社、京都市の八坂神社に由来することはいうまでもありません。ただし、律令制が崩壊した平安時代以降において、高崎遺跡（天満宮）・仁和多利《にわたり》神社では神社の変更が、南宮神社・多賀神社では祭神の入れ替えがあったとみられます。

ところで、地元に伝わった神話によれば「南宮の神さまと山王の神さまは昔から仲が悪い」というのです。その理由は誰も知らず、昔からそういっていたというだけです。しかし、調査をしてみると、その根源は本社である両大社の対立、つまり渡来系山師・鍛冶師による鉱山の囲い込みに伴う対立と紛争に行き当たりました。

例えば、日吉大社が祀る大山咋《おおやまくい》神の咋《くい》は杭を意味するもの、要は鉱山や玉石の占有権を示すため山に杭を打って明示していた山師の神で、大己貴《おおなむち》神は鍛冶師の神です。また、南宮大社が祀る金山彦《かねやまひこ》神・金山姫《かねやまひめ》神は山師の神で、同大社と協力関係にあったとみられる真清田《ますみだ》神社（愛知県一宮市）が祀る天火明《あめのほあかり》神は鍛冶師の神です。

ここに祀られた神はいずれも記紀神話に登場する神々ですが、天火明神は物部《もののべ》の祖先神であるとか、葛城《かつらぎ》・尾張《おわり》の祖先神であるとか、出雲《いずも》系であるとか、諸説ありますが真偽のほどは定かではありません。しかし、庶民に伝わってきた伝説からみると、山師・鍛冶師の集団が対立しながら東日本に進出し、やがて北日本に到達したことは事実でしょう。

また、記紀神話にみられる八百万《やおよろず》の神々の中で最も多いのが鍛冶族の信奉していた祭神で、農耕・狩猟・漁労・採集を生業とする民人が信奉していた太陽霊（太陽神）や穀霊（穀神）とは異なっています。鍛冶師等の工人の場合、優れたものをつくるには自らの腕を上げ、優れた原材料を得ることが必要ですから、先祖に追いつき追い越すために祖先霊（祖先神）を、また優れた原材料を手にいれるため地霊（地神）を敬うことが必要でした。

名人芸と認められる工人ほど、独自の流派を築いて一派を形成するものですが、東北におけるエミシの主力であった渡来系の山師・鍛冶師は多くの部族に分かれ、一枚岩ではありません。鉱山の占有を廻って時には激しい争いを繰り返し、戦いに備えて日頃から軍事訓練を行い、戦って不利になるとヤマト朝廷に援助を求めることもありました。

こうしたことを重ね合わせてみますと、山師・鍛冶師といっても滋賀県の日吉大社に属する者と岐阜県の南宮大社に属する者との間には、鉱山や玉石資材の占有をめぐり、長く争ってきた歴史が古代にもあったものと考えざるを得ません。

倭国大乱

倭国大乱の前に行われた後漢に対する朝貢は、五七年にせよ一〇七年にせよ、皇帝の代替わり（光武帝《こうぶてい》→明帝《めいてい》・殤帝《しょうてい》→安帝《あんてい》）のときに行われたものですが、倭国内の対立抗争を有利に導くため、同盟または連合に参加する相当数の王国が参加して実施されたものでしょう。

しかし、後期末葉になって倭国大乱という抗争が起きたのは、人口増加に伴ってさらに開発が進み、鉄器や銅器の需要が旺盛であったのに対し、舶載ものが思うように手に入らなくなったことがその背景にあって、その原因は先にみたとおりで、後漢の衰えとは逆に東夷の諸族が力をつけ、朝鮮方面の情勢が急激に不安定化したことにあります。

そのことが引き金となり、倭国内の勢力関係が前漢時代と後漢時代では大きな変化があったとみざるを得ないものですが、『魏志』は倭国大乱を次のように記しています。

「其《そ》の国（倭国）本亦《もとま》た男子を以《も》って王と為《な》し、住《とど》まること七、八十年、倭国乱れて相攻伐《あいこうばつ》すること歴年たり。乃《すなわ》ち共に一女子を立てて王と為《な》し、名づけて卑弥呼《ひみこ》と曰《い》う」

卑弥呼の前の倭国を代表する男王は、七〇～八〇年間統治していたが、何年かにわたる争乱があって卑弥呼を立てたというものですから、男王は一人ではなく複数であった可能性もありますが、それはいつ頃のことなのでしょうか。

①後漢書（巻八五の東夷列伝第七五）によれば、倭国大乱は漢の桓帝《かんてい》と霊帝《れいてい》の間ですから、一四六～一八九年の四四年間です。

したがって、卑弥呼の擁立は一九〇年となり、男王が統治していた年数を最短の七〇年間とすれば七六～一四五年、最長の八〇年間とすれば六六～一四五年の間となります。

②七世紀に書かれた『梁書』（巻五四の諸夷伝の東夷条の倭）・『北史』（巻九四の列伝第八二の倭国）によれば、倭国大乱は霊帝のとき光和《こうわ》の間ですから、一七八～一八四年の七年間です。

したがって、卑弥呼の擁立は一八五年となり、男王が統治していた年数を最短の七〇年間とすれば一〇八～一七七年、最長の八〇年間とすれば九八～一七七年となります。

この中のどれが有力なのか、考慮が必要なのは次の二条件です。

イ　一〇七年の朝貢のとき、男王の大倭王《おおいち》によって三〇カ国程度の邪馬台国連合が既にできていたとみられること。

ロ　奈良県の東大寺山古墳（天理市）から出土した「中平」銘の鉄刀は、後漢末期の一八五年頃下賜されたとみられ、弥生終末期に大倭王《おおいち》の卑弥呼が邪馬壹国連合の女王に就任したとき、朝貢したのではないかと想定されること。

この条件からすれば②となり、男王が統治していたのは九八～一七七年で、倭国大乱は一七八～一八四年の七年間となります。

ところで、近畿の首長らは鉄と玉を交換するため、中期において近畿北部・北陸・東海・中部方面に新たな水田開発を行うとともに、数多くの玉作集落をつくっていたことは第三章で取り上げたとおりで、それが中期末葉から後期前葉にかけて衰え、変わってガラスを原料とする玉作りが、鉄器や銅器を加工する工房で始まりました。

このことは、南海産の貝類や真珠は増産が難しいのに対し、ガラスを原材料とするものであれば原材料は国内で調達できるため増産は容易となりますが、鉄器・銅期の鍛冶加工を行う副産物として製作していたので、舶載の鋳造鉄器や青銅器が品薄となれば、その増産はできません。

さらに大きな問題は、長年にわたって鉄器やガラスの加工生産を続けてきた国が、燃料となる森林の確保ができなくなって移住を余儀なくされ、寒冷化気候に伴う変動に伴ってスイトウ栽培が打撃を受け、混乱に追い討ちをかけたとみられることです。

総じてみれば、これまで優勢だった日本海側の国々に不利な状況が生まれ、瀬戸内側の国々に有利な状況が生じたことでしょう。そのため、墳墓の祭祀においても大地霊中心の方形墓祭祀が不利となり、太陽霊中心の円形墓祭祀が優位に展開したことは容易に想定がつきます。

こうしたことから、弥生後期後半の邪馬台国の男王である大倭王《おおいち》が築いてきた流通のネットワークが大きく崩れ、船載物の配分に大きな問題が生じたことは避けられないことです。したがって、邪馬壹国の女王に就任した卑弥呼の時代になったとき、連合体を構成する国は日本海側を主体とする王国から、瀬戸内を主体とする王国に変わったのではないかと考えられます。邪馬壹国が伊都国《いち》に一大率《いちのおおいざ》（市の大将軍）という役人を置いて厳重な取締りを行っていた裏には、伊都国が船載の文物をごまかして対立する国に流すことのないようにするためであったとみられ、船載品の数量が絶対的に不足していたことを物語るものでしょう。

鍛冶族の王が諸国を従えて民人を操ることができたのは、貴重な鋳造鉄器で武器作りを行ったことによるものではなく、農具・漁具・工具を作って広く供給していたことによるものですから、それが不十分であれば不満が起きるのは当然のことです。その上、船載物が少なければその対価である国産の玉類や砂鉄などの金属資源も不要となりますから、これらの生産縮小によって大幅な景気後退が生じ、大乱に至ったというのが真相であったと考えられます。

なお、面上《おか》国王の帥升《そつと》をもって記紀にいう神武《じんむ》天皇（磐余彦《いわれひこ》神）とする見方もあります。彼は外交・交易に秀でた海人系とみられますが、上記のとおり九八～一七七年までは大倭王《おおいち》が近江にいたとみられ、朝貢したのは一〇七年ですから、その配下であったとみざるを得ないものでその可能性はないでしょう。

もう一つの見方は、磐余彦神あるいはその子孫が、九州から兵庫県淡路島の五斗長垣内《ごっさかいと》（淡路市）に東遷し、その子孫が大和に進出して大倭王《おおいち》に就任したのではないかというものです。五斗長垣内《ごっさかいと》という鉄器加工の拠点は、紀元～一〇〇年頃の約一〇〇年間続いていたとみられ、年代的には一応合っています。また、イザとはイザナギ・イザナミのイザであって、その元は戦うときの掛け声でもあり、武人を意味した言葉とみられるものですから、鍛冶師である磐余彦神の子孫が武人となり、さらに外交・交易に詳しい海人に変身したというのは、かなり無理があると考えられます。

また、水運・陸運の不便さや七万戸という戸数の問題からしても、大倭王《おおいち》が当初から大和にいたとは考えられません。倭国統一の偉業を美化するために、創作したという方が話は通じるのではないでしょうか。

第五章　弥生終末期（二〇〇〜二五〇年頃）

滋賀県守山市の伊勢遺跡全景 CG（小谷正澄氏作成）

一　大陸の情勢

遼東侯公孫

二〇四年公孫度の後継者である公孫康《こうそんこう》は、濊《かい》族・韓族による侵略の防止対策のため、楽浪郡の南部を分離して帯方郡を設け、旧楽浪郡民を濊族・韓族から奪い返して楽浪郡民とすることに成功しました。これに伴って濊族・韓族はもちろんのこと、倭族も公孫に従うようになったといいます。

つまり、三族が公孫に朝貢することによって、楽浪郡・帯方郡の工房で作ったものの払い下げを受けられるようになり、混乱以前の時代と同じ待遇に戻ったということでしょう。このとき、公孫康は大国である邪馬壹国連合を支配することに心を砕き、卑弥呼の欲しがる銅鏡を作りたいのですが、対立する魏から工人を招くことができないので、戦略的な取引のあった呉から招いたと考えられます。

二二八年公孫淵《こうそんえん》が兄の公孫康を追放して太守となり、二三三年呉に使者を派遣して臣従することを申し出たのに対し、呉では答礼使に一万人の水軍を付けて派遣したのですが、魏の監視を案じた公孫淵は使者の首を切って魏に届けました。

しかし、二三七年魏が幽州刺史《ゆうしゅうしし》（長官）の毌丘倹《ぶきゅうけん》に東方の征伐を命じると、公孫淵は燕王《えん》を称してこれを迎え討つこととし、呉に援軍の派遣を求めます。魏が公孫を攻めるとなれば、呉人の工人をそのままにしておくわけがありません。卑弥呼は和珥《わに》氏の助けを借りて手を尽くし、密かに彼らを渡来させたのでしょう。

魏が公孫を倒した二三八年以降、卑弥呼はこうした機密事項が魏に漏れないようにするため、あえて呉人に魏鏡を作らせる必要があったと解されるのです。また、先にみた滋賀県の伊勢（守山市・栗東市）から出土したレンガなどからすれば、渡来した呉人は作鏡工人だけに限らないことが読み取れます。

ただし、公孫時代の倭族の朝貢者は、邪馬壹国連合の卑弥呼女王だけであったとは限りません。なぜなら、狗奴国同盟が邪馬壹国連合に従わない裏には、辰韓《しんかん》もしくは濊《かい》族を仲立ちとし、山陰勢と組んで公孫に朝貢を行っていた可能性が高いとみられるからです。しかも、こうした史書に現れない朝貢は、倭国が統一されていなかった前漢・後漢の時代にもあったとみるほうが自然ですから、遺跡出土物の再検討が必要となる場合も出てきます。

三国時代の魏

後漢では実権を得ようとする諸侯の戦いが繰り返された結果、最終的に勝利を得たのは曹操《そうそう》と曹丕《そうひ》の親子で、二二〇年曹丕は献帝の禅譲によって魏を建国し、三国時代に突入します。

二二八年呉帝の孫権は、遼東の公孫淵や鴨緑江の中流域にあった高句麗の東川《とうせん》王と同盟を組み、強大な魏を挟み撃ちにする動きをみせます。これを察知した魏帝の曹叡《そうえい》は、二三七年公孫淵に上京するよう命じ、従わなければ攻め込むぞという圧力をかけたのですが従ってはいません。

一方、この動きを好機とみた呉の孫権は、魏の江夏郡（湖北省の漢水と長江が合流する周辺）に二万の兵を出しましたが、簡単に敗れ去っています。これをみた魏では、呉による遼東への援軍はありないことを知り、遼東の公孫を攻撃する決定を行ったといいます。

同年魏は幽州《ゆうしゅう》刺史《しし》の田丘倹《ぶきゅうけん》に東方の征伐を命じました。その狙いは高句麗の東川王と遼東の公孫淵の関係を断ち切り、彼らを滅ぼすことでしたが、長雨で長期滞陣となったことから、遠征は失敗に終わります。

二三八年正月魏は名将司馬懿《しばい》将軍に四万の兵を授け、陸路と海路から遼東を攻めて滅ぼします。このとき、高句麗の東川王は魏に味方して一千人の兵士を出しました。他方、魏は朝鮮の楽浪郡と帯方郡を戦いもなく制圧することに成功し、楽浪郡太守に劉夏《りゅうか》、帯方郡太守に弓遵《きゅうじゅん》を任命しています。

着任した太守らは間を置かずに懐柔策を講じ、濊族・韓族・倭族に早期の朝貢を促したとみられます。邪馬壹国連合の卑弥呼はこれに呼応して朝貢の準備を急ぎ、その年の一二月帯方郡を通じて遣魏使を送り、「親魏倭王」の印綬・銅鏡百枚など多大な下賜品を得ました。

従前の解釈によりますと、二三八年の遼東や朝鮮半島は戦乱のときだから、『魏志』にある卑弥呼の朝貢はあり得ず、二三九年の誤りであるというものでした。しかし、漢の武帝による朝鮮への侵攻のときもそうですが、朝鮮半島に兵を送るときは主力が陸から押し寄せ、海から水軍が支援するという方式が常套手段となっています。

魏帝曹叡も山東半島付近の各州に大型軍船の建造を命じ、水軍を用いることによって楽浪郡と帯方郡を制圧したとみられます。この船を利用して三韓と卑弥呼の朝貢が行われたとすれば、戦乱の影響を受けずに済んだばかりか、早くて安全なことこの上もありません。したがって、魏への朝貢は二三八年に間違いはなく、『魏志』にあるとおりだと考えられます。

弓遵と劉茂の誤算

二四四年魏では遼東や朝鮮半島の安全策を確保するため、再び毌丘倹《ぶきゅうけん》に高句麗攻めを命じます。これによって高句麗の都である丸都《がんと》城が陥落し、東川《とうせん》王は北方の沃沮《よくそ》(北朝鮮北東部)から粛《しゅく》慎《しん》(豆満江《とまんこう》下流付近)へと敗走します。

この頃三韓にいた韓族は、帯方郡太守弓遵《きゅうじゅん》の支配下にあったのですが、辰韓の八カ国にいる住民は楽浪郡から逃亡した者であるとし、八カ国を楽浪郡の支配下に移そうとしましました。

二四七年この措置に怒った濊族・韓族は、帯方郡と楽浪郡に攻め入って激しく戦い、弓遵と楽浪郡太守の劉茂《りゅうぼう》は連携して戦ったのですが弓遵は戦死します。同年、弓遵の後任として王頎《おうき》が赴任し、二郡はこれに反撃して三韓の王らを討ち滅ぼします。

戦いの発端となった辰韓の八カ国の件は、通訳による誤訳が原因であったというのですが、真実は藪の中です。結果的に、朝鮮半島では高句麗と韓族の影響が低下し、国家形成の動きが再燃するのは三世紀後葉となります。

濊族・韓族と二郡が激しく戦っていたとき、南朝鮮にいた倭族がどのような動きをしたのか史書にはありません。一方、倭国内では何があったのかといえば、卑弥呼女王の邪馬壹国と卑弥弓呼《ひみひこ》男王の狗奴国《かぬ》が激しく戦い、卑弥呼は死に到りました。

後でも触れますが、朝鮮半島と倭国内における戦いは偶然にときが同じであったというものではなく、連動して起きたものでしょう。長年にわたる交易関係があって、互いにその頼みとする友好国ないしは盟主国を支援するための戦いであって、今風にいえば集団的自衛権に基づく戦いということになります。

二　邪馬壹国連合と狗奴国同盟

連合と同盟の対決

中国の史書が伝える倭国大乱の実相と女王卑弥呼の共立については、前章で取り上げたところですが、この頃の北九州ではほぼ水系ごとに国が林立し、対馬《つしま》国（一千余戸）・一支《いき》国（三千余戸）・末盧《まつら》国（四千余戸）・伊都《いち》国（一千余戸）・奴《ぬ》国（二万余戸）・不弥《ふみ》国（一千余戸）のような王国が成立していました。

また、伊都国は女王国が統治していたと『魏志』にありますから、邪馬壹国が統治していたのですが、伊都国についてだけ代々王がいたと特別視しています。すると、その他の国には王がいなかったこともあったとみざるを得ません。

今日の感覚からすると、祭政一致の場合王がいなければ国は成り立たないのではないかと思いがちですが、当時の王とは天変地異の予告や原因を占うことができる特別な能力を有したシャーマンですから、子供であろうと大人であろうと、あるいは女子であろうと男子であろうと、そうした能力があると認められなければ、王に就くことはできません。

弥生後期は争乱抗争の時代ですが、国が戦いに敗れるとか大災害があったときなど、真っ先にその責任を問われるのがシャーマンである王ですから、国内が混乱して空位になった時代があることを示唆したとみられます。ただし、王はいなくても政事を担う摂政を置いたとみられ、直ちに国の存続が危うくなることはなかったのでしょう。

日本では六〇〇年の推古女王のあたりまで祭政一致の制度が続き、二人の権力者による統治であったにもかかわらず、記紀では神武天皇以来、統治者は男子の天皇一人であったかのように記しているので、弥生の王国にいたシャーマンの王は、神として扱われたとみざるを得ません。

ところで、倭国大乱における戦いは卑弥呼が邪馬壹国連合の盟主である大倭王《おおいち》となっても終息したわけではなく、事実上倭国を二分する戦いが狗奴国《かぬ》との間で続いており、対立は邪馬壹国対狗奴国にとどまるものではなく、その背後にある連合対同盟の争いでもあったとみられます。

狗奴国は東海にあっても北陸や山陰との結び付きが強く、邪馬壹国連合における大倭《おおいち》のような派遣制度を持ってはいなかったものの、やはり市《いち》を通じてこれらの国々と同盟を組んでいたとみられますから、狗奴国の卑弥弓呼《ひみひこ》王は同盟王でもあったとみるべきでしょう。

東日本は西日本と比較すればまだまだ開発途上にあって人口も増加していたことから、鉄器・青銅器の需要が増大していたのに対し、供給元である楽浪郡・帯方郡には扶余や高句麗の侵略があり、その生産加工は極めて不安定な状況に追い込まれていたとみられます。

しかも、前章でみた信濃や関東方面における刀剣の副葬地には、邪馬壹国連合が派遣した大倭《おおいち》がいたとみられることから、狗奴国同盟はその方面に進出することが難しくなりました。それを突破するため、邪馬壹国連合の本体国を盛んに攻撃するようになったのは当然のことでしょう。

ところで、最近の発掘調査によれば福岡県の城野《じょうの》(北九州市小倉南区)では、中期の方形周溝墓に貝輪を身に着けた子供二人の埋葬がありました。彼らは子供とはいえ王であった可能性が高いとみられ、その近くには弥生終末期の玉作工房があって、『魏志』にある不弥《ふみ》国ではないかとしてにわかに注目される遺跡となっています。

不弥国の官は多摸《たま》とありますから、玉作工房に関係していたとみられることがその根拠となるからです。因みに、摸という字はこすってなでる、つまり玉を磨くという意味なので、多摸が玉を意味することは間違いないでしょう。

ただし、ここの玉作工房は山陰系ではなく、卑弥呼女王の指示で進出した近畿系でしょう。なぜなら、この国は瀬戸内海の入り口にあたる企救《きく》半島の根元にある国ですから（豊前国に属する）、瀬戸内水運の要衝地に位置している関係上邪馬壹国連合の重要なメンバーであったと想定され、邪馬壹国の所在地を決定付ける決め手ともなるからです。

邪馬壹国と狗奴国の位置

『魏志』によれば、北九州の不弥国から投馬国までは水行二〇日、投馬国から女王国の邪馬壹国までは水行一〇日、陸行一月とあります。北九州まではおおよその里程を示し、そこから先は日や月で示しているのですが、水行の場合は風をみながら行くので、途中の湊津《みなとつ》に数日間泊まることも入っていたと考えられます。陸行の場合は実際に歩いていないので里程はわからず、現地で聞いた話から概ねの月数を記したとみられます。

ただし、現地から報告をしたのが中国の役人ですから、遥か遠い海の彼方の国であることを強調し、誇大化しようとしていることは否めません。それ以外の事項でも、例えば卑弥呼に仕える奴婢が千人であったとか、卑弥呼の死に伴って殉葬した奴婢《ぬひ》が百余人いたとか、男王を立てたものの千人余が互いに殺し合ったとかは、誇大化があるとみられます。

水行と陸行に話しを戻しますと、投馬国から邪馬壹国まで水行であれば一〇日、陸行であれば一月というように選択的にみるべきでしょう。もちろん魏の使節団は水行であって、方向については東を南と誤っていると考えられます。

関門海峡から周防灘に入ると船は一旦南下するのですが、その後も南下し続けたとみた使節団の誤りによるものなのか、『魏志』を書いた陳寿《ちんじゅ》（二三三～二九七年）によるものなのかわかりませんが、明らかに誤っているとわかる記述が、范曄《はんよう》の書いた後漢書にあります。五世紀おける中国を代表する知識人でさえ、倭国の位置については次のように記しているのです

「楽浪郡の徼《きょう》（境）は、其《そ》の国を去ること万（一万）二千里にして、其《そ》の西北界の、拘邪韓《かやかん》国を去ること七千里なり。其《そ》の地は大較《おおむね》、会稽《かいけい》（浙江省紹興県）・東冶《とうや》（福建省福州市）の東にあり、朱崖《しゅがい》（海南島東部）・儋耳《たんじ》（海南島北部）と相近し。（中略）
会稽《かいけい》の海外に東鯷人《とうだいじん》（不明）あり、分かれて二十余国と為《な》る。又、夷州《いしゅう》（台湾か）及び澶洲《せんしゅう》（流球か）有り」

この記述からみますと、倭国は台湾・流球の東側にあって、海南島に近いことになりますから、魏の使節団にしても、正しい知識を有していたとは到底考えられません。また、仮に水行が夜間であれば星を観察できるので、方位に間違いはなかったはずですが、昼間も動いたとすればそれ

が不可能であったとも解されます。

問題は投馬国がどこにあったのか、その読み方はどうなのかということになります。筆者も以前は投馬をツモと読んで出雲説を支持していたのですが、どうみても五万戸という戸数が多すぎることは、前章で指摘したとおりです。

また、日本海側の玉作集団には四隅突出形墳丘墓派と方形貼石墳丘墓派があり、両者はライバル関係にあって前者は狗奴国同盟の、後者は邪馬壹国連合のメンバーとみられることから、使節団を迎える側とすれば日本海のルートを使うことに警備上の不安が生じます。

したがって、より安全な水行だけで往来したと想定され、投馬はツシマと読み、吉備の津島（岡山市）の辺りにあった国で、瀬戸内の中心地を経由したとみられるのです。このことを前提としてみますと、邪馬壹国と狗奴国は近畿以東にあって、両国は西と東に位置し、それほど離れていないことは明らかです。

ここで手がかりとなるのが、狗奴国は川や沼の多い湿地帯にあるということです。近畿以東における大きな湿地帯といえば、かつて淀川と大和川が流れ込んでいた河内潟《かわちがた》周辺か、木曽三川が流れる濃尾平野になりますが、河内潟の西は大阪湾ですから該当はせず、濃尾平野ということになります。また、邪馬壹国はその西にあって北九州から水行による往来が可能なところといえば、琵琶湖のある近江の辺りとなります。

三　近江と濃尾平野の遺跡

近江の遺跡

琵琶湖周辺の平野では弥生前期中葉からスイトウ栽培が始まり、その代表的なものが服部《はっとり》（守山市）で、奈良時代まで継続します。野洲川が琵琶湖に注ぐ河口の低地に開かれた集落で、二五〜一〇八平方メートルの小区画水田二六〇枚が確認され、他に導水施設・古代琴・「乙貞」と刻まれた印などが出土しました。

弥生中期後葉の下之郷（守山市）は、伏流水が噴出する扇状地の末端にあります。三〜九条の環濠によって厳重な防御を敷いた集落で、敵から侵略される恐れのあることを示しています。実際、中細形銅剣・石剣・石鏃・木製弓・楯など武器が多数出土しました。この集落に山師・鍛冶師といった工人が関係していたことは間違いないでしょう。

近江は製鉄に必要なマンガン鉱が豊富にあり、銅鉱の産地でもありました。また、マンガン鉱には通常鉄が含まれますから、多くの中小河川が流れ込む琵琶湖の沿岸には、かつては砂鉄や褐《かっ》鉄鉱《てっこう》が豊富にあったとみられます。これらを朝鮮に運ぶのに琵琶湖→難波潟→瀬戸内海のルート、あるいは若狭湾に運んで山陰沿岸ルートを用いるのに便利な地勢ですから、西日本の各地から多くの山師・鍛冶師が集まり、採取していたことが背景にあったと考えられます。

争乱に関係したとみられるものに中期の高峰（大津市　標高一六七メートル）と後期の新池北《しんいけきた》（大津市　標高一五三メートル）があり、よそ者が入って来ないよう監視をしていたとみられる高地性集落です。

後期で最も注目されている集落遺跡は、伊勢《いせ》（守山市・栗東市）です。ここは縄文～室町時代の遺跡で、弥生後期の分は国内最大級の約三〇ヘクタールに及び、一九八一年から二〇〇九年まで一〇四次の調査が実施されました。第三章でみたように中期の巨大集落は、後期になると衰えた所が多いのですが、ここは逆に大きくなっているという珍しい集落です。また、伊勢の周辺には左記のような集落遺跡があり、王者に必要な工房がそろっています。

なお、銅鐸関係では、近畿式・三遠式合わせて二四個（二世紀後半～三世紀前半製作のもの）が出土した大岩山（野洲市）があり、二四の支配集落があったと考えられます。

○滋賀県の伊勢遺跡（守山市・栗東市）
①高床式建物群
広場の中に円形状（直径二二〇メートル）に配置された祭殿状の建物（五×一〇・五メートル）は伊勢神宮形式の神明造《しんめいづくり》で、現在まで確認されたのは七棟、推定総数では三〇棟に及ぶとみられます。

連合に加盟する国の王が建てた祭殿との見解も出されています。

②主殿（高殿）・脇殿・祭殿（神殿）・楼観・小形高床倉庫

①の円形状の中心部に配置されており、主殿（床面積八〇平方メートル超）は政事が行われた所とみられますが、以前は祭事と政事が同じ所で行われていたようです。

祭殿は二連棟の左右対称で、伊勢神宮における式年遷宮のように、交代で建て直しが行われたのではないかとみられます。

③大型竪穴建物・焼成レンガ

遺跡の北東部にある大型竪穴建物（一三・六×一三・六メートル　床面積一八〇平方メートル）から、焼成レンガ（四〇×三〇×八センチ）が五個出土しました。レンガはこれまで八世紀の東大寺梵鐘遺構のものが最も古いとされていましたが、それを五〇〇年遡り、楽浪郡の工房から渡来した呉人系の工人によるものではないかとの見解がみられます。

建物の床は二層（厚さ二五センチと八センチ）の粘土を焼き固め、壁にレンガを用いたもので、多くの人が集まる集会所とみられます。こうした工法を採っていたことは、後の巨大古墳の造成技術を考えると極めて重要なことです。

④方形住居一三棟・五角形住居八棟・六角形住居一棟

①・②・③の地区から二〇〇メートル離れた所にある住居群で、様々な階層の人々が住んでいたとみられます。

⑤勾玉・管玉六〇個余りと破砕銅鏡
三世紀中葉に集落が衰えたとき破棄され、所有していたシャーマンが死亡したことによるとみられます。

○滋賀県内の主要な後期集落遺跡事例

①金森東（守山市）
土坑墓・方形周溝墓から鉄剣二（長剣・短剣）が出土

②下長（守山市）
儀杖・うちわ形木製品・刀装具・銅鏡・石釧《いしくしろ》・準構造船が出土。
伊勢遺跡後の王国の中心地とみられます。

③下鈎《しもまがり》（栗東市）
テラス付き独立棟柱の高床式建物・前漢鏡・ガラス玉・水銀朱付の石杵《いしぎね》
鳥居《とりい》状遺構・銅製品・銅塊・銅滓が出土
シャーマンの居館・祭殿、青銅の生産工房があったとみられます。

④市三宅東《いちみやけひがし》（野洲市）
各種玉類・香炉とみられる手焙《てあぶり》形土器が出土
シャーマンが居住し、大規模な玉作工房があったとみられます。

⑤熊野本《くまのもと》（高島市）
ガラス玉・大量の鉄器が出土
玉作工房があったとみられます。

近江の墓制

次に後期後半の主要な墳墓遺跡をみますと、首長墓が方形周溝墓から円形周溝墓・前方後円形周溝墓・前方後方形周溝墓・前方後方墳へと、短期間に大きく変化していることがわかります。また、方形周溝墓・円形周溝墓・方墳の前に長方形の張り出し部分が設置されるようになったのは、ここで関係者による祭祀が行われ、墳丘には大型の壷や鳥形《とりがた》・鋤《すき》・鍬《くわ》の木器を供献するようになったことによるものです。

農漁民を主体とする大規模集落の首長墓が、方形周溝墓から円形周溝墓・前方後円形周溝墓へ変化した点については、形状だけをみれば東瀬戸内から影響を受けたものですが、太陽霊信仰からみれば大地の形である方形から、天の形である円形に変えたことによるもので、その時期は二世紀末葉～三世紀中葉にかけてですから、邪馬壹国連合の女王であった卑弥呼の治世を表すシンボルとみることが可能です。

なお、前方後方形周溝墓・前方後方墳については、大地霊信仰を宗旨とする山師・鍛冶師・土師《はじ》師・玉作師の集落における首長墓とみられます。

〇滋賀県内の主要な墳墓遺跡

①服部（守山市）

中期の方形周溝墓群（大型一六、中型約八〇、普遍型約二〇〇、小型約六〇余）

全体が一二のブロックに分かれており、集落が一二の集団によって構成されていたと想定されています。

②冨波《とば》（野洲市）

三世紀前葉の前方後方墳（四二メートル）

③野洲川《やすかわ》（野洲市・守山市）

後期後半の前方後方形周溝墓群

④益須寺《やすでら》（守山市）

後期後半の前方後方形周溝墓（一八メートル）

⑤神郷亀塚《じんごうかめつか》（東近江市）

三世紀前葉の前方後方墳（三六メートル）

⑥法勝寺（米原市）

後期後半の前方後方形周溝墓（二〇メートル）

⑦五村《ごむら》（長浜市）

後期後半の方形周溝墓群

前方後円形周溝墓（一二三メートル）

⑧鴨田（長浜市）

後期後半の円形周溝墓（一九メートル）

美濃の遺跡

木曽三川の周辺は洪水の常襲地帯であったことから水田開発は遅れますが、後期になると急速に進みます。それが可能となったのは、優れた治水土木工事の技能を持つ人々が移住してきたことにあるとみられます。

彼らの技術は治水に限らず、古墳の造成工事にも遺憾なく発揮されたおかげで、全国に先駆けて大きな方墳・前方後方墳の築造が可能になったのでしょう。ここに進出してきたのは、二世紀中葉の大洪水で大規模集落が急速に衰えた愛知県の朝日（清須市・名古屋市）などの住人が主力であったとみられます。

また、この周辺はマンガン鉱の産地で近江とほぼ同じ地勢条件ですから、下流の湿地帯には砂鉄や褐鉄鉱《かってっこう》が豊富にあり、東日本に銅器・鉄器・玉類を供給する絶好地でもあって、多くの山師・鍛冶師・土師師・玉作師の進出があったとみられます。

荒尾南《あらおみなみ》（大垣市）は標高六メートルの扇状地にあって、縄文晩期から古墳前期まで続いた大規模集落ですが、弥生前期では遠賀川《おんががわ》式土器、弥生中期〜後期では石製品・木製品・玉類が作られた環濠集落で、次のような遺物が出土しています。

○岐阜県の荒尾南（大垣市）遺跡

①八二本の櫂を持つ舟を描いた壷

このような舟が倭国にあったと思えませんが、これほどの櫂数のものは中国の軍船にもなく、考えられるのは中国の江南地方から東南アジアにかけてみられるロングボート（長崎市のペーロン舟・沖縄のハーリー舟を長くしたもの）を描いたとも考えられます。そうであれば、江南系統の工人がいた可能性もあるでしょう。

②線刻人面土器

『魏志』にある鯨面（刺青《いれずみ》をした顔）とみられる線刻画のある壷で、部族ごとに異なった文様の刺青をしていたといわれています。吉備・讃岐・越前・伊勢湾にのみ分布するものですから、その方面の山師・鍛冶師・土師師・玉作師が進出してきたとみられます。

今宿（大垣市）は標高五メートル弱の微高地にあって、弥生中期末葉から古墳初期まで続いた水田遺構ですが、一枚二平方メートル前後の小区画が八七六枚、人の足跡が九千歩ほど確認され、線刻人面土器などが出土しました。

また、大垣市の集落遺跡では檜《ひのき》、環濠集落遺跡では東町田《ひがしちょうだ》があり、その下流域は洪水に襲われやすい地形であったことから水田開発は遅れましたが、弥生後期になると一大稲作地帯に変貌したことが窺われます。

美濃の墓制

主要な墳墓遺跡は左記のとおりですが、首長墓が方形周溝墓から前方後方形周溝墓・方墳・前方後方墳へと短期間の間に大きく変化しています。ただし、円形周溝墓への変化はありませんから、卑弥呼女王の影響はなかったとみられます。

○岐阜県内の主要な墳墓遺跡

①荒尾南（大垣市）
前期〜古墳前期の方形周溝墓二五七・前方後方形周溝墓一

②東町田《ひがしちょうだ》（大垣市）
方形周溝墓

③古村《ふるむら》（美濃市）
方形周溝墓一八

④美濃観音寺山（美濃市）
古墳初期の前方後方墳（二〇メートル）

⑤小洞《こほら》（関市）
方形周溝墓
⑥岩田東A（岐阜市）
方形周溝墓
⑦金ヶ崎（御嵩町）
方形周溝墓
⑧加佐美山《かさみやま》一号（各務原市）
三世紀前葉の方墳（一五メートル）
⑨象鼻山《ぞうびさん》三号（養老町）
古墳初期の方墳（一八メートル）

尾張の遺跡

木曽三川の下流域に砂鉄や褐鉄鉱《かってっこう》が豊富にあったとみられることは美濃で触れましたが、尾張の場合は庄内川に玉の原料となる緑色凝灰岩の玉石があったことから、玉作りが行われています。

濃尾平野にある朝日（清須市・名古屋市）は、縄文時代から続く大規模集落ですが、遠賀川系土器が出土したことからわかるように、東日本では最も早い段階の弥生前期にスイトウ栽培を導入し、縄文の伝統を活用するなど独自の文化を築いていました。中期になると環濠を設置し、北側には四重の濠が廻らされています。後期前半（一世紀後葉）においては、次のような遺物が出土しています。

○愛知県の朝日（清須市・名古屋市）遺跡

①多様な銅製品

三遠式銅鐸・銅鏃・銅鏡・巴形銅器・青銅製の鋳型が出土し、美濃の荒尾南遺跡と共通するものがあり、鍛冶師の進出がありました。

②多重環濠・逆茂木《さかもぎ》・乱杭《らんぐい》・堰の設置

この時期に深刻な洪水が襲い、水害対策の強化を図ったとみられます。一般には防御のためと受け取られていますが、堤防が崩れ落ちないようにするため強化したという見解が妥当でしょう。これを境に大集落は急速に衰えました。

朝日の大集落が衰えた頃新しくつくられた集落が、二世紀後半の廻間《はさま》（清須市）です。なお、この時期における大洪水は全国的なものであったとされ、古代におけるこうした大規模な災害、気候の異変、疫病の蔓延などは、神の怒りに触れたとみて他所への移住を促し、神への祈りや信仰の隆盛をもたらすのが常でした。

したがって、首長の選出方法や墓制にも変革があったと想定されます。集落内に神聖な空間を設けるとか、何の施設もない特別な環濠を設けるなどは、神の怒りを鎮めるための祈祷の場でしょう。

尾張における弥生中期～古墳前期の環濠集落としては、他に見晴台《みはらしだい》・瑞穂《みずほ》・三王山《さんのうやま》・城《しろ》（以上名古屋市）・東光寺（幸田町）などがあり、西日本における環濠集落がほぼ同時期に伝播しています。

尾張で特徴的なことは伊勢湾の干潟を利用した漁労が盛んだったことで、多種多様な漁具を作るとともに、壷《つぼ》・高坏《たかつき》・甕《かめ》・器台《きだい》・鉢《はち》など特色のある優れた土器を製作しており、その影響は東日本全体に及び、古墳時代になると北日本にまで広がりました。

尾張の墓制

主要な墳墓遺跡は左記のとおりですが、長方形周溝墓と正方形周溝墓のあった首長墓が、正方形周溝墓のみとなり、それが前方後方形周溝墓・前方後方墳へと変化しています。ただし、円形周溝墓への変化はありませんから、卑弥呼女王の影響はなかったとみられます。

○愛知県尾張の主要な墳墓遺跡

①山中（一宮市）

前期の四隅に陸橋を持つ長方形・正方形の方形周溝墓

②西上免《にしじょうめん》（一宮市）

三世紀前葉の前方後方墳（四〇メートル）

③朝日（清須市・名古屋市）

中期前葉の四隅に陸橋を持つ長方形・正方形の方形周溝墓

中期後葉の正方形の方形周溝墓

後期前葉の前方後方形周溝墓（二〇～三〇メートル級が六、一般的なものは一〇メートル級）

④廻間《はざま》（清須市）

後期前葉の前方後方形周溝墓（二六メートル）

四　方形墓から円形墓へ

円形墓制の導入

卑弥呼が推進した邪馬壹国連合を象徴するとみられる円形墓制は、全国的にみればどのようになっているのでしょうか。

○円形墓制の遺跡分布

福岡県　平塚（粕屋町）　後期の円形墳丘墓（船載内行花文鏡）
　　　　郷谷（北九州市）　終末期の円形墳丘墓（四禽文鏡）
　　　　徳永川の上（みやこ町）　同　（船載内行花文鏡）
佐賀県　吉野ヶ里（吉野ヶ里町）　終末期の前方後円形墳丘墓
宮崎県　平野部一般　後期の円形周溝墓
　　　　川床（新富町）の例　後期の円形周溝墓（二〇メートル級三）
香川県　空港跡地後（高松市）　後期前葉の円形周溝墓
　　　　陵（さぬき市）　後期後葉の円形周溝墓
　　　　奥（同）　後期末の突出付き円形墳丘墓
　　　　森広（同）　同
　　　　石塚山（丸亀市）　終末期の円形墳丘墓
　　　　樋端（東かがわ市）　同
徳島県　名東（徳島市）　中期以降の円形周溝墓
　　　　芝（海陽町）　同
滋賀県　五村《ごむら》（長浜市）　後期後半の前方円形周溝墓（一三メートル）
　　　　鴨田（同）　後期後半の円形周溝墓（一九メートル）

大阪府　服部（豊中市）　同
　　　豊島北（同）　後期後半の前方後円形周溝墓
　　　口酒井（伊丹市）　後期後半の円形周溝墓
　　　郡（茨木市）　同
　　　長者（大阪市）　同　（一七メートル）
　　　法性寺（八尾市）　同
　　　東郷郡川（同）　同　（一七〜一八メートル）
　　　府中（和泉市）　同
　　　下池田（岸和田市）　同
富山県　杉谷Ａ（富山市）　同　（一六メートル）
長野県　生仁《なまに》（更埴市）ほか　後期末の円形周溝墓
群馬県　日高（高崎市）ほか　後期後半の円形周溝墓（千曲川流域）
　　　　　　　　　　　　　　同　（毛野国）

方形周溝墓は前期の近畿地方で生まれてほぼ全国的に普及しました。ところが、中期に大陸から金属文化が入ってきたとき、九州・中国・四国では墳丘墓《ふんきゅうぼ》・台状墓《だいじょうぼ》が主流となり、その代表的なものが岡山県の楯築《たてつき》墳丘墓（倉敷市）で、築造は後期後半の卑弥呼の治世と重なります。

○岡山県の楯築墳丘墓（倉敷市）
全長約八〇メートル（台形の双方突出部約二二メートル）
円丘の直径四五メートル・高さ五メートル
円丘に円礫《えんれき》を敷設し埋葬部分を取り囲むように大型の列石を配置
列石部分に特殊な壷と器台を設置
首飾り二・小型玉類一括・鉄剣一を出土

円形周溝墓は前期末に香川県から始まり、播磨・但馬・摂津・河内・和泉・近江へと広がりました。しかし、全国的にみれば円形周溝墓は極めて少なく、九州では宮崎県のみ、東日本では富山県・長野県・群馬県のみであり、同じ近畿でも大和・紀伊・志摩・伊勢ではみられません。

また、後期後半において首長墓が方形周溝墓から円形周溝墓に変わった地域にあっては、大阪府豊中市の遺跡から出土した庄内式土器（二〇〇～二五〇年頃）が出土しており、卑弥呼の時代に重なります。

したがって、これらの地域は邪馬壹国連合の統治政策と不可分の関係にあったのではないかとみられ、極めて重要な情報を含んでいると考えられます。こうした墓制の改革は播磨・摂津方面から影響を受けたもので、連合の証しとみることが可能です。

宮崎県の平野部の変化はどうなのでしょうか。川床墳墓群（新富町）から、副葬品として素環頭太刀・剣・鉄鏃・ガラス小玉・庄内式土器などが出土していることから、邪馬壹国の大倭《おおいち》王が派遣した大倭《おおいち》がおり、南海交易の一角を担っていたとみられます。

中期において新潟県の佐渡では約三〇カ所の集落で玉作りを行っていましたがこの頃になると衰え、それと入れ替わるように富山県における集落で盛んとなります。ヒスイ原石の産地に近かったこともあって縄文時代から玉作りが盛んな地域でした。そのため各地の玉作師が進出してきたとみられ、土器・墓制に縄文系もあれば弥生の東海系・近畿系・山陰系などの影響があって複雑です。それだけヒスイの獲得をめぐる争いが激しかったのでしょう。

例えば、杉谷A（富山市）の円形周溝墓は首長墓で、大型の方形周溝墓は素環頭大刀・ガラス玉・鉄鏃・銅鏃・槍鉋《やりがんな》を副葬していることから大倭《おおいち》とみられるのに対し、古墳初期の杉谷古墳群・富崎古墳群（以上富山市）の中に四隅突出形墳丘墓があるということは、邪馬壹国連合と狗奴国同盟が和解した後に、後者の後押しによって山陰系の玉作師が進出したことを示しているとみられます。

長野県の千曲川流域と群馬県はどうでしょうか。この地域のスイトウ栽培は、北陸から伝播しており、東海よりも北陸との交流が深い地域ですが、中期から北陸と結びつきを強めた狗奴国同盟の背後を突き、楔を打ち込むのが邪馬壹国連合の目的だったのでしょう。

『魏志』にみる邪馬壹国連合

『魏志』によれば女王卑弥呼を共立した国は三〇カ国で、そのうち国名が記された国は次の二一カ国です。

斯馬国（シマ）　已百支国（イオキ）　伊邪国（イザ）　都支国（トキ、ツキ）
弥奴国（ミノ、ミヌ）　好古都国（ココト、コクツ）　不呼国（フコ）
姐奴国（ソネ、ソヌ）　対蘇国（トサ、ツソ）　呼邑国（コオ、コユ）　蘇奴国（サノ）
華奴蘇奴国（ケノサノ）　鬼国（キ）　為吾国（イガ、イゴ）　鬼奴国（キヌ）
邪馬国（ヤマ）　躬臣国（クシ）　巴利国（ハリ、ハラ、バリ、バラ）
支惟国（キシ、キイ）　烏奴国（ウノ、オノ）　奴国（ヌ）

これらの国々の所在地を名称から探ることを試みましたが、邪馬壹国と狗奴国程度の情報がなく、読み方も含めて特定は困難です。ただし、大倭《おおいち》王の派遣した大倭《おおいち》のいる国で、魏の使節団が通過してこなかった方面にある国、しかもその範囲は先に見た円形墓制をとっている地域で、鉄剣・鉄刀が出土した所とみれば、幾つかの国の想定が可能となります。

①華奴蘇奴国《けのさの》

毛野国の佐野とみれば、群馬県の日高（高崎市）の辺り

②鬼奴国《きぬ》

鬼奴を鬼怒川とみれば、その以西にあった国

③鬼国《き》

常陸風土記《ひたちふどき》（茨城県の古代誌）にある紀の国（筑波郡）の辺り

このほか、この時期の刀剣が出土した東京都の田端西台通（北区）、埼玉県の井沼方（さいたま市）、千葉県の神門《ごうど》（市原市）、茨城県の原田北（土浦市）、群馬県の有馬（渋川市）についても、いずれかの国が該当すると考えられます。

円形墓の意義

邪馬壹国とその連合に参加した国々が、首長墓を方形周溝墓から円形周溝墓に変えるよう卑弥呼が要請したとすれば、その裏に何があったのでしょうか。

おそらく、その背景には寒冷化気候への変化があって、人々の不安が年々高まっていたことと無関係ではないでしょう。それまでの銅鐸祭祀は集落ぐるみで行うもので、狩猟・漁労・採集・農耕などの豊饒を大地霊（神）や穀霊（神）に願うものであったといわれています。しかし、その効験がみえないばかりか事態が悪化しているとなれば、祈願する神に疑問が生ずるのは当然のこと

です。

そこで打ち出されたのが太陽を象徴する銅鏡と天を象徴するガラス玉を用いた祭祀で、太陽霊（神）の奮励を願って祈願を行う神祀りの改革を進め、シャーマンである首長墓を地の形であった方形から、天の形である円形に改めたのでしょう。そのため、これらの品々が大量に必要となりますから作鏡の呉人を招聘し、ガラス加工の玉作工房を各地に設けたと考えられます。

また、共同体の祭祀はかつて集落内の神殿あるいは集落の外に設けた聖地で行われていたのですが、小規模ながらも首長墓である円形周溝墓の前に方形の張り出しを設け、ここに祭壇を設置して関係者が周囲に集まり、死者と飲食を供にして神となった祖先を祀るという儀式が新たに生まれました。

日本における八百万の神々の多くは、こうして誕生したとみられます。したがって、記紀神話等にある神々の争いとは、後世の人々からみた祖先の争い、つまりは過去に生存していた人間の争いにほかなりません。

ただし、墳墓をこのように変革したのは気候変動に対応するためですから、狩猟・漁労・採集・農耕の神祀りに関係していた集落のシャーマンを対象とするものであって、金属資材や土石材は天候異変とは関係のない大地の生産物ですから、土器・玉石器・金属器の加工生産に関係している集落のシャーマンは、改革の対象外であって従来どおりの方形でいいわけです。双方に関係している集落のシャーマンの場合は、前方後円形を採用したと考えられます。

こうした方策は古墳時代でも変わることなく維持されたとみられ、前方後円墳の時代になっても方墳・前方後方墳はなくなりません。

五　邪馬壹国連合の実態

監視機関

邪馬壹国連合の生命線ともいうべき監視機関について、『魏志』は次のように記しています。

「女王国自《よ》り以北（以西）には、特に一大率《いちのおおいざ》（市を取り締まる大将軍）を置きて、諸国を検察せしめ、諸国之《これ》を畏憚《いたん》す（畏れる）。常に伊都《いち》国に治す（役所を置いている）。国中に於いては刺史《しし》（中国の郡の統治を監視する州の長官）の如《ごと》きもの有り。

王の使いを遣《つか》わして京都《けいと》（都の洛陽）・帯方郡・諸《もろもろ》の韓国（三韓）に詣《いた》らしむるとき及び郡の倭国に使いするときは、皆《みな》津に臨みて捜露《そうろ》し（荷捜し）、文書、賜遺《しけん》の物（下賜品）を伝送して女王に詣《いた》らしめ、差錯《ささく》（不足や違い）あることを得ず」

北九州の伊都国に一大率という取締権を有する役所を置き、魏に朝貢の使者を出したとき、帯方郡に使者を出したとき、三韓に使者を出したとき、帯方郡が倭国に使者を出したとき、持参した全ての文物を捜索して調べたとあります。

関連して注目されるのが、不弥《ふみ》国とみられる福岡県の城野（北九州市小倉南区）から、後期の交易に用いたとみられる玉作工房が出土したことです。玉類は支配層の装身具や呪具として倭国内で必要なばかりか、鉄器・青銅器を得るため交易に欠かせない貴重品ですから、工房は邪馬壹国連合の卑弥呼の指示によってつくられたとみることが可能です。

邪馬壹国連合は伊都国に一大率を置き、朝貢の下賜品を厳重に取り締まったというのですが、ここで取り上げた取り締りの事例は、代表的なものを示したのであって、三韓と倭国内の諸国が交易で往来する場合もその対象になっていたことは、前段の記載からして明らかです。つまり、密貿易や裏取引を許さなかったということでしょう。

また、倭国内では中国における刺史《しし》のような監視機関があったとあり、一大率のような役人は伊都国以外にも置いていたとも解されますが、その実態はどのようなものだったのでしょうか。

参考になるとみられるのが、崇神《すじん》帝のとき北陸・東海・西道・丹波に派遣されたという書紀にある四道将軍の役職です。この場合は臨時的に置いたものですが、そうではなく常設の機関があったと解されます。その役割はおそらく拠点集落に派遣した大倭《おおいち》、あるいはそこの首長が中央に朝貢してこないとか、不正を働くことを防止するため、遠隔地に配置していた監督官でしょう。

具体的に示しますと、一大（一支《いちき》）国と対海（対馬《つしま》）国の官は卑狗（彦《ひこ》）が、その役職にある者で、中央にいる大彦《おおひこ》がそれを統括していたとみられるのです。ですから、大彦とは人の名前ではなく役職の名前ということになります。

この役職が古墳時代になったとき、彦ではなく将軍という役職名に変えたのではないでしょうか。例えば、長野県の森将軍塚古墳（千曲市）・川柳《せんりゅう》将軍塚古墳（長野市）は、古墳時代初期の前方後円墳ですが、東国の東山道諸国を監視していたことから、将軍という名がついたのだと考えられるからです。

全国各地に多くの前方後円墳が、一定のルールの下に短期間で普及した陰には、このような監視機関があったからでしょう。ただし、邪馬壹国連合に従わない狗奴国などの場合、その配置は不可能ですから限界はあります。したがって、出雲や東海のように監視が働かないでところでは、前方後円墳の造成が遅れるのはやむを得ないことです。

辰韓・濊族と狗奴国同盟の取引

邪馬壹国と狗奴国の争いは、卑弥呼による朝貢があった二三八年以降も続いており、「親魏倭王」の印綬をもってしても効果はなかったということになりますから、狗奴国からみれば邪馬壹国連合から鉄器・青銅器を得なくても、困ることはなかったということでしょう。

そこで問題となってくるのが、朝鮮の東部にあって日本海に面した湊津《みなとづ》を抱える辰韓《しんかん》と濊《かい》族の存在です。これらの国の商人と山陰や北陸の海人が取引することを防止できなければ、狗奴国を抑え込むことはできません。

第三章・第四章において玉作りの集落には、四隅突出形墳丘墓派と方形貼石墳丘墓派があったこと取り上げましたが、前者は邪馬壹国連合に入っていなかった可能性が高いとみられることから、四隅突出形墳丘墓の分布をみてみましょう。

○後期後葉における四隅突出形墳丘墓

中国　広島県　四隅突出形墳丘墓　矢谷（三次市）

島根県　四隅突出形墳丘墓　西谷・中野美保・青木（出雲市）

布志名大谷・間内越・来見・的場・南講武小廻（以上松江市）

仲山寺・宮山・安養寺・塩津山・下山・カラカツ（以上安来市）

大城（隠岐の島町）

鳥取県　四隅突出形墳丘墓　徳楽（米子市）、父原（伯耆町）

阿弥大寺・藤和（以上倉吉市）

宮内（湯梨浜町）

西桂見・糸谷（以上鳥取市）

北陸　福井県　四隅突出形墳丘墓　小羽山（福井市）、南春日山（永平寺町）

石川県　四隅突出形墳丘墓　一塚（白山市）
富山県　四隅突出形墳丘墓　杉谷・富崎・六治・鏡坂（以上富山市）
東北　福島県　四隅突出形墳丘墓　館ノ内（喜多方市）

第三章でみた中期中葉以降と第四章でみた後期前葉における四隅突出形墳丘墓の分布と上記分布を比較したとき、状況は様変わりとなりました。広島県では一カ所のみ、岡山県ではみられなくなり、代わりに島根県・鳥取県に集中し、北陸三県と東北の福島県会津が新たに加わりました。中期以来彼らは山陽と山陰の産物を交換していた商人であったとみられますが、後期になって玉作り加工に参入するため、広島県の三次盆地から山陰や北陸に進出したと考えられます。

一方、玉石加工をしていた中国地方や近畿北部の首長は、鉄の道具を得たことで生産加工が進み、やがて鍛冶工人を招聘して現地で鉄を加工する動きに転じたとみられ、こうした動きはおそらく青銅加工でも同じことでしょう。

ただし、開墾に伴う争乱が九州のようには起こらず、北陸や東日本にも進出ができたのは、鍛冶師が自由に生産加工し、販売することを認めなかったことによるもので、首長の権力が減殺することのないよう、厳しい統制を行っていたと考えられます。

狗奴国など東海の国々は中期から北陸と交易があり、後期では山陰・北陸における四隅突出形墳丘墓派と関係が深かったとみられ、また、山陰・北陸の諸国は、朝鮮の日本海側にある辰韓・

濊族との交易を活発に行ったことにより、鉄器・青銅器の入手に困ることはなかったと考えられます。

六　金属文化の変容

銅鐸祭祀から銅鏡祭祀へ

滋賀県の伊勢（守山市・栗東市）における祭祀と密接な関係があったとみられるのが、鉱山とタタラの神（大山咋神《おおやまくい》・大貴巳神《おおなむち》）を祀る日吉大社（大津市）の存在です。この神社は一般に山の神といわれ、その末社は山王神社・日枝《ひえ》神社・日吉神社として全国的に数多く分布し、日輪信仰の神としても有名です。

女王卑弥呼による魏への朝貢において、下賜品として銅鏡（魔鏡）を望んだといわれていますが、なぜ銅鏡なのでしょうか。当時は小氷期といわれる寒冷化気候に向かっていたときですから、卑弥呼としてもそれまでの銅鐸祭祀では効果がないと悟っていたのでしょう。そうした認識は邪馬壹国連合だけではなく全国的なものであったとみられ、自然に対する畏敬の念、とりわけ太陽霊に対する畏敬の念は極めて強いものがあったとみられます。

銅鐸の埋納は島根県の加茂岩倉（雲南市）の三九、滋賀県の大岩山（野洲市）の二四、兵庫県の桜ヶ丘神岡（神戸市灘区）の一四などが突出しているものの、単数の埋納が圧倒的に多くみられます。ところが、山陰では中期末頃から、近畿以東では後期後葉頃からその祭祀は行われなくなりました。これと入れ替わるように上方《じょうほう》作系獣帯鏡《じゅうたいきょう》や画文帯《がもんたい》系神獣鏡《しんじゅうきょう》が、祖先を祀る墳墓から出土しているということは、銅鏡による祭祀とともに、墳墓において祖先を神と崇める信仰が始まったと考えられるのです。

寒冷化気候の到来は、争乱が長く続いたことによって太陽霊と祖先霊が怒り、その罰を与えたことによると捉え、こうした動きになったと解されるのですが、その結果神聖な大地に埋納されていた銅鐸や銅矛・銅剣類は放置されました。

ところで、半ば自立状態にあった遼東の公孫は、呉帝の孫権から燕《えん》国王を賜ったのですが、その支配下にあった朝鮮の楽浪郡から上記銅鏡と類似のものが出土しており、呉系の工人によって作られたとみられます。また、古墳時代の三角縁《さんかくぶち》神獣鏡《しんじゅうきょう》についても、倭国に渡来した呉人の作製によるとの見解も出されているところですが、これはどうみればよいのでしょうか。

朝鮮の楽浪郡や帯方郡の方面にあっては、古来黄海を越えて対岸の山東半島や江南地方と交易を行ってきた実績があり、倭人もその一角を占めていたことは南海産の貝類・珊瑚・真珠の交易でみたとおりです。

したがって、遼東の公孫が滅亡したときの混乱で、楽浪郡にいた呉系の工人が倭国に逃亡した、あるいは卑弥呼女王の指示によって倭人が連れてきた可能性があり、卑弥呼はこうして得た銅鏡を用いて、天の神である太陽霊の奮励により、寒冷化気候が止むことを願ったと解されます。

こうした太陽霊の信仰が古墳時代になるとさらに強くなるのは、寒冷化気候が一層進んだことにほかならず、これに伴ってアジア北方民族の移動が激しくなり、その規模はユーラシア大陸全体に及び、各地で大きな混乱が起きました。

○埋納銅鐸の出土数（二〇〇一年文化庁資料を一部修正）

九州	福岡県	八	佐賀県	二	大分県	四
中国	広島県	二	岡山県	二一	島根県	五六
	鳥取県	一五				
四国	愛媛県	一	香川県	二〇	徳島県	四二
	高知県	八				
近畿	兵庫県	六〇	大阪府	三四	奈良県	一九
	和歌山県	四一	京都府	九	滋賀県	四一
	三重県	一六				
中部	福井県	七	石川県	二	岐阜県	六
	愛知県	五七	静岡県	四七	長野県	二

関東　神奈川県　一　千葉県　三　栃木県　一

○銅鐸鋳型の出土遺跡事例

九州　福岡県　赤穂ノ浦（福岡市）、須玖・岡本（以上春日市）

佐賀県　安永・本行（以上鳥栖市）

近畿　兵庫県　平方（三田市）、名古山・今宿丁田（以上姫路市）

上高野（赤穂市）

大阪府　東奈良（茨木市　工房と三十五点の鋳型）

奈良県　唐古鍵（田原本町　失敗作多い）

和歌山県　堅田（御坊市　最も古い）

中部　愛知県　朝日（清須市・名古屋市）

銅鐸は複数の地域で製作されたものが各地で導入され、中期中葉の頃までは楽器のように音を鳴らすものでしたが、中期後葉から後期になると次第に大形化し、祭祀具として見るという風に機能が変わりました。機能の転換は銅矛・銅戈・銅剣と同じであって、銅鏡が普及する以前の重要な祭祀具であったことは明らかです。今後発掘が進めば出土数がさらに増加することは確実でしょう。

〇年代順にみた銅鐸の機能（鳴らす銅鐸から見る銅鐸への変化）
中国　島根県（全て鳴らす銅鐸）
四国　香川県（鳴らす銅鐸が多く見る銅鐸は一部）
　　　徳島県（同）
近畿　兵庫県（同）
　　　大阪府（同）
　　　奈良県（同）
　　　和歌山県（鳴らす銅鐸と見る銅鐸が半ば）
　　　滋賀県（鳴らす銅鐸は一部で見る銅鐸が多い）
東海　愛知県（同）
　　　静岡県（同）

鉄器文化の変容

後期になると鉄器の種類が増加し、出土点数では山陰・北陸・近畿でもかなり多くなっており、鍛冶師が東遷していたことを裏付けています。しかも、刀剣の増加が顕著で、倭国特有の農工具が出てきたことも特徴的です。

①武器　刀・剣・矛《ほこ》・戈《か》・鏃《やじり》
②工具　斧《おの》・　刀子《とうす》（小刀）・槍鉋《やりがんな》・鉋《かんな》・鑿《のみ》・槌《つち》・鏨《たがね》
③農具　鍬先《くわさき》・鎌《かま》・摘鎌《つみかま》
④通貨代用他　斧・板片・棒片

○弥生時代の鉄器の出土点数（奈良文化財研究所の二〇一三年データ）

九州　福岡県　一六二一　佐賀県　四〇八　長崎県　一三七
　　　大分県　五一八　宮崎県　四八　熊本県　七七四
　　　鹿児島県　七
中国　山口県　二六二　広島県　二七四　岡山県　二九一
　　　島根県　二〇三　鳥取県　六七一
四国　愛媛県　一〇八　香川県　九一　徳島県　二三
　　　高知県　七九
近畿　兵庫県　三五一　京都府　四三二　滋賀県　三八
　　　大阪府　一一〇　奈良県　一三　和歌山県　一四
　　　三重県　七

北陸	福井県	一一〇〇	石川県	一四五	富山県	三
東海	岐阜県	二	愛知県	二五	静岡県	三七
中部	山梨県	九	長野県	一九二	新潟県	一六
関東	神奈川県	五七	東京都	六八	埼玉県	一八
	千葉県	一七八	茨城県	一一	群馬県	六一
	栃木県	一				
東北	福島県	一	宮城県	二	岩手県	三

この資料からみますと、九州・山陰・北陸に多いことがわかります。ただし、東に移動するにつれて前期→中期→後期へと時期的にずれるので留意が必要です。前期〜中期に多いのは朝鮮半島に近い福岡県ですが、後期になると以外にも福井県が急上昇します。

「福」という地名の多くは、鞴《ふいご》を用いてタタラ鍛冶を行う「吹く」によるものですが、まさにそのとおりとなっています。山陰方面から北陸方面に進出していた実態を表すものとして注目されます。

当時の三韓・倭国には、一五〇〇〜一七〇〇度の高温で鉄鉱・砂鉄を溶解する大規模な製鉄技術がなかったため、鋳造鉄の大量生産はできません。したがって、鍛冶師は船載ものの鋳造鉄を加熱し、叩きながら鉄器に加工して鍛造鉄器をつくりました。鋳造鉄は朝鮮の楽浪郡や帯方郡の工房に頼っていたとみられます。

舶載の鋳造鉄が鋳造鉄斧、あるいはその分割片であったことは、第三章でみたとおりです。後期前葉における鋳造鉄斧は出土数が少ないため、全体の傾向は把握できませんが、後期後葉のものは次のとおりです。

○後期後葉の鋳造鉄斧出土数（奈良文化財研究所の二〇一三年データ）

九州　福岡県一三　福岡市三　筑紫野市三　北九州市三
　　　　　　　　　行橋市一　糸島市二　太宰府市一
　　　佐賀県　三　吉野ヶ里町二　鳥栖市一
　　　長崎県　二　壱岐市二
中国　山口県　一　岩国市一
　　　広島県　三　広島市三
　　　島根県　一　安来市一
　　　鳥取県　二　鳥取市二

金属加工と森林確保

青銅器加工や鉄器加工には一〇〇〇度前後の高温を必要とすることから、大量の木炭ないしは石炭を必要としますが、当時は木炭であったとみられます。したがって、同じ所で一〇〇年間も大量に製作し続ければ、やがて森林の枯渇問題が起き、争乱が起きるあるいは移住が必要になることは、火を見るよりも明らかでしょう。このことを見事に表している集落遺跡をみてみましょう。

○京都府の集落遺跡の存続期間

①途中ヶ丘遺跡（京丹後市）

前三世紀～前二世紀頃まで

前一世紀～後三世紀頃まで

鉄斧・玉作りの道具・土笛が出土

②扇谷《おうぎだに》遺跡（京丹後市）

前二世紀～前一世紀頃まで

二重環濠で総延長が約一キロメートル

土器・石器・鉄斧・玉作りの道具・ガラス塊・土笛が出土

①と②の集落は約二キロメートル離れた場所にあるのですが、住民は約一〇〇年ごとに①→②→①の順で移住したと考えられます。その主たる原因は集落の周辺に森林がなくなったことによ

るとみられ、その回復に約一〇〇年を要したことがわかるでしょう。

土師師・鍛冶師・玉作師の増加と開墾により、中期末期になって深刻な状況にあったとみられるのが森林確保の問題です。大量に必要な木炭を舟で運ぶにも限度がありますから、むしろ水運と森林に恵まれた所に移住するのが解決の早道となります。

それに伴って倭国内における生業基盤の再編成が必要となり、舶載対価物品の収集地をどうするか、鋳造鉄斧の配分をどうするか、工人への食糧や衣類の供給保障をどうするかという難問が起きるのは必定です。

結果として一極集中型ではなく、多極分散型になるのはやむを得ない対策でしょう。九州勢と近畿勢がどこかで激しく戦った結果、統治の主導権が近畿勢に移ったという見方が成立しないことは明らかです。

こうした問題が発生するのは、倭国特有のものではありません。先進技術を有する中国にあっても、森林の枯渇・水資源の荒廃・洪水の多発が連鎖的に起きれば、国が滅びるのです。

したがって、頻繁に都を移転する理由もそこにあります。為政者が悪いからだと言ってしまえばそれまでですが、いかに優れた為政者であっても、伐採した跡地に植林を行って保護したという話は聞きません。

七　卑弥呼の死と倭国統一

卑弥呼の死因

邪馬壹国の卑弥呼女王と狗奴《かぬ》国の卑弥弓呼《ひみひこ》男王の戦いは、卑弥呼の死亡によって局面が変わり、魏の帯方郡の使者でありアドバイザーでもある張政らは、両者の和解工作に乗り出したとみられるのですが、卑弥呼の死因はどうなのでしょうか。

古代の中国におけるシャーマンは、戦場に出向いて敵に呪いをかけ、敗れた場合はその首を切って敵に差し出す習慣がありました。倭国においても首無しの遺体や首だけもの、あるいは体中に矢を射られた死体の埋葬もあったことからして、その可能性が一つあるでしょう。

もう一つは、大地震が起きて邪馬壹国に甚大な被害があり、その責任を負って自殺した可能性です。なぜなら、琵琶湖の湖底には地殻変動によってできた断層帯があり、マグニチュード七前後の地震が過去に何度も起き、地盤が沈下あるいは隆起して水位の上昇があり、どちらにしても湖は拡大し続けているとみられるものです。そのため、湖の水深二～八メートルの浅瀬には、湖底遺跡といわれる珍しい遺跡が約八〇カ所ほどあります。

○琵琶湖湖底遺跡の事例

縄文早期～中期　蛍谷・粟津湖底（以上大津市）・赤野井湾湖底（守山市）
縄文後期～晩期　松原内湖（彦根市）
縄文晩期～弥生中期　小津浜湖底（守山市）・針江湖底（高島市）
　長命寺湖底（近江八幡市）
弥生後期～平安　入江内湖（米原市）・大中《だいなか》の湖南《こ》（東近江市・近江八幡市）

また、中世以降の例では、一三二五年・一五八〇年・一六六二年・一八一九年に大地震があって沈下や隆起があり、一九九五年の兵庫県南部地震では液状化現象により、最大で二メートルの地盤沈下もありました。

近江盆地には、かつて琵琶湖の周辺に数多くの入江湖や大中小の湖が点在していましたが、その多くが干拓されました。その干拓地の下層にも遺跡があることからすれば、それらの入江湖や大中小の湖もかつては陸地であったと考えられ、沈下や隆起が激しく繰り返されてきた結果であるとみられます。

最も可能性が高いのは、近江における長年にわたる森林伐採の結果、頻繁に洪水が起きて甚大な被害が起き、その責任を負って自殺したのではないかということです。先にみた銅鐸・銅剣類の祭祀から銅鏡の祭祀へと転換を急いだ陰には、深刻なこの問題があったからだということになるでしょう。

いずれにしても、こうした災難が起きるのは、シャーマンの行いが悪いからだと非難され、場合によっては殺されることもあったとみられることは、『魏志』の記述にあるとおりです。

「海を渡りて中国に詣《もうで》る其《そ》の行来《ゆきき》にあっては、恒《つね》に一人をして頭を梳《くしけず》らず（髪をとかさない）、蟣蝨《きしつ》を去らず（シラミを捕らない）、衣服垢汚《こうお》せしままに（汚れたままで）、肉を食らわず、婦人を近づけず、人を喪《そう》するが如くせしむ（喪に服するようにする）。之《これ》を名づけて持衰《じさい》と為《な》す（物忌《ものい》みという）。若《も》し行く者吉善ならば（何事もなく幸運であれば）、共に其《そ》の生口《せいこう》財物を顧み（物忌みに仕える下僕や財産を奉げる）、若《も》し疾病《しっぺい》有《あ》り（病気になったり）、暴害《ぼうがい》に遭《あ》うときは（暴風雨などにあったときは）、便《すなわ》ち之《これ》を殺さんと欲し（物忌みを殺そうとする）、其《そ》の持衰《じさい》すること慎まずと謂《い》う（物忌みの普段の慎みがないせいだという）」

ここに登場する持衰《じさい》（物忌み）とは、中国に朝貢する使節団の船に同行し、航海の安全を神に祈願するシャーマンですが、異変があると責任を被って殺されることがあるなど、厳しい責任を負っていることがわかると思います。

ことです。

卑弥呼の墓の所在

弥生中期に金属文化が到来して身分差が拡大し、権力闘争に伴う争乱が激しくなったことは第三章で指摘したところですが、そのことは各地の墓地遺跡の発掘調査によって初めて確認されたことです。

しかし、小乱や中乱は少なくても過去百年以上にわたって続き、卑弥呼女王の擁立をもってしても完全に治まったわけではありません。邪馬壹国と狗奴国の争いはむしろ正念場を迎えており、邪馬壹国は魏の援助を得なければもたない深刻な状況にあったことは『魏志』にあるとおりです。

卑弥呼の年齢ですが、後任の壹與《いちょ》は一三歳で女王に就任したとあります。ところが、裴松之《はいしょうし》(三七二〜四五一年)の書いた魏略の註釈によれば、当時の倭人は四季を知らず、春分と秋分を基点にして今の一年を二年と数えていたと記しているのです。そのため、『魏志』や記紀では倭人が極めて長寿であるかのように記述されていますが、実際はその半分とみなければなりません。したがって、一三歳は六歳半になるのですが、前述のとおり能力があれば子供でもシャーマンに推挙され、政事については摂政がいるので不都合はありません。

すると、卑弥呼が女王に就任した一八五年頃何歳になっていたのかですが、多くみても一〇歳前後であったと考えられます。また、死亡したのは二四七〜二四八年頃とみられ、そのときの年齢は七二〜七三歳前後となりますから、稀にみる長寿です。

卑弥呼の墓地は、どこにあるのでしょうか。『魏志』には次のように書かれています。

「其の年（正始《せいし》八年・二四七年）、太守王頎《おうき》官（帯方郡）に到る（着任した）。倭の女王卑弥呼、狗《か》奴《ぬ》国の男王卑弥弓呼《ひみひこ》と素《もと》より和せず。倭の載斯《そし》・烏越《うお》等を遣わして郡に詣《いた》り、相攻撃する状《さま》を説く。塞《とりで》の曹掾史《そうじょうし》（守備隊長）張政《ちょうせい》等を遣わし、因《よ》りて詔書・黄幢《こうどう》（官軍の旗）を齎《もたら》し、難升米《なのとめ》に拝仮せしめ、檄《げき》を為《つく》りて之《これ》に告喩《こくゆ》せしむ。卑弥呼以《すで》に死し、大冢《おおつか》を作る、径百歩なり。狗葬する者、奴婢百余人なり」

戦いを不利とみた卑弥呼は、二四七年帯方郡に使者を派遣し助勢を依頼しました。本来であればもっと早く依頼したかったのでしょうが、前述のように二郡は濊《かい》族・韓《かん》族と戦っている最中ですからそれができません。

朝鮮半島での戦いと倭国における邪馬壹国と狗奴国の争いは、一見関係がないようにみえますが、筆者の見方からすると魏の二郡についた邪馬壹国連合と濊族・韓族についた狗奴国同盟の争いであったとみられ、その背景に交易関係があったことはいうまでもないでしょう。

卑弥呼の要請に応えた帯方郡太守の王頎《おうき》は官軍の軍旗などを与え、守備隊長の張政らを帯同させて帰国させたのですが、卑弥呼は既に亡くなっていたというのですから、死亡したのは二四七～二四八年であったことがわかります。

王頎《おうき》とすれば、朝鮮半島での戦いが終わってやっと安泰を取り戻した時期ですから、倭国内の争いを止めるため互いに譲歩する和解を希望したとみられます。しかし、シャーマンである卑弥呼女王は年老いて頑固になっていたからでしょうか、それとも女王の取り巻きに武人の無頼漢が多かったからでしょうか、積年のライバルに対し柔軟な対応ができなかったとみられます。

卑弥呼は径一〇〇余歩の大冢《おおつか》(大きな墳丘墓)に埋葬されたのですが、一〇〇余歩の書きぶりに誇張があるとみられることは前に指摘したとおりです。ですが、その半分としても六〇~七〇メートル程になりますから、弥生の墳墓としては特大ものです。軍事顧問として帯同したとみられる張政らが、この大墓を実際に見たことはいうまでもないでしょう。

ここにいう径とは円や球の直径のことですから、円形周溝墓もしくは前方後円形周溝墓を指したとみられ、方形周溝墓または前方後方形周溝墓はあり得ないでしょう。方形であれば、方〇〇歩と記載するはずです。

なお、周溝墓とは単に土を盛り上げたのではなく、基壇を版築で固めてから少しずつ版築で土を盛り上げる、つまり古墳と同じ要領で作り、周囲に溝を掘って区画するもので、単なる盛土とは異なるものですが、『魏志』には次のようにあります。

「其《そ》の死すや、棺《ひつぎ》あれども槨《かく》(棺を覆う外箱)無し。土を封じて(盛り重ねて)冢《つか》を作る。始《いま》し死したらば(死んだばかりのとき)、喪《なきがら》を停《とど》むること十余日、時に当たりては肉を食《くら》わず、喪主は哭泣すれど(声を上げて泣くが)、他人は就《つ》きて歌舞飲食す。已《すで》に葬らば、家を挙《こぞ》りて水中に詣《いた》り澡浴《そうよく》し（体を洗い）、以《も》って練沐《れんもく》（喪が明けた後の水ごり）の如くす」

前述のとおり邪馬壹国は近江にあったとみられ、卑弥呼は太陽霊の神祀りを行う日輪のシャーマンであり、日吉大社は卑弥呼の神祀りと何らかの関係があったとみられることから、その墓地は近江にあるとみられます。おそらく、そこには神社があって直径が六〇～七〇メートル程度の円形周溝墓もしくは前方後円形周溝墓があり、鬱蒼とした樹木に覆われているのではないでしょうか。

和解と大和への遷都

卑弥呼の後に男王が立ったとき、互いに殺しあって犠牲となった者が千人余であったというのですが、これは邪馬壹国内の争いであって、狗奴国との戦いによるものではないとみられ、その原因は連合の都を東方の東海地方に遷そうとする派と、狗奴国の存在を嫌って南方の大和に遷そうとする派の衝突であったと解されます。犠牲者の人数には誇張があったとしても、魏の帯方郡の使者でありアドバイザーでもある張政らがどう対応したのか注目されるところです。

なぜなら、彼らは卑弥呼の没後男王が立って争乱が起き、代わって卑弥呼の一族である壹與《いちよ》が女王に推されて落ち着くおそらく二五〇年頃まで、長く邪馬壹国に止まっていました。その目的は、魏帝の告諭に沿って倭国の統一を図ることにより、大胆な和解工作を進めるためであったと想定されるからです。

また、邪馬壹国内における争乱の原因は、鋳造鉄器や青銅器の入手という交易問題だけにとどまらず、新たな森林の確保という深刻な問題があったとみられます。なぜなら、邪馬壹国が連合の都になったのは、倭国大乱の前にいた男王のときからですから、少なくみても九八～二五〇年頃まで約一五〇年にもなりますから、琵琶湖周辺の森林伐採は限度に達していたはずです。先にみた丹後における玉作りと金属加工をしていた集落では、概ね一〇〇年位が限度でした。

ところで、奈良県天理市の遺跡から出土した布留《ふる》〇式といわれる土器の時代（二五〇～三〇〇年頃）は、女王壹與《いちよ》の時代に重なるものですが、この時代になると首長墓は、前方後円形墳丘墓・前方後方形墳丘墓・帆立貝式墳丘墓に変わり、上方《じょうほう》作系獣帯鏡《じゅうたいきょう》や画文帯《がもんたい》系神獣鏡《しんじゅうきょう》の埋納がみられるなど、その動きは奈良盆地の南東部（桜井市など）において急なものがあります。

このことは、邪馬壹国連合の都が大和に変わったことを意味するものでしょう。その政治的な背景としては、狗奴国同盟との争いに変化があった、つまり両者の間で和解の成立した可能性が高く、統一倭国の都を大和に置くとともに、連合と同盟を支えてきた主要豪族も都の周辺に移住し、統一後の王を支えることが和解の柱であったと想定されます。

このような和解が急速に進んだ背景としては、邪馬壹国において先に述べた森林確保の深刻な問題があったことによるもので、そうでなければ水運・陸運に恵まれた近江を捨てるはずもないからです。

その点、大和は水運・陸運からみればもう一つ不便ですが、狗奴国同盟側でも琵琶湖を使えるとなれば和解は進みます。これまでの遺跡や遺物からみれば、大和では大規模な金属やガラスの加工はなかったことが明らかですから、奈良盆地の南部は原生林が豊富にあって開墾の余地も残っていたとみられるのです。

八　神話にみる倭国争乱

記紀神話にみる祖先神の対立

「南宮の神さまと山王の神さまは昔から仲が悪い」という伝説を前章で取り上げましたが、播磨《はりまの》国風土記《くにふどき》にも神々の争いが登場します。大汝神《おおなむち》（大貴巳神《おおなむち》）・少日古根神《すくなひこね》（少彦名神《すくなびこな》）の組、葦原《あしはら》志許乎神《こしこお》、伊和《いわ》大神、天日槍神《あめのひぼこ》の五神四組による国占めの争いです。当時の鍛冶族の争いは、それを支援している王国連合の争いとみることが可能ですから、考古学だけではなく記紀神話や神社系統なども手がかりとし、検討してみることとします。

近江・美濃・尾張の地域で鍛冶師に関係する古い大きな神社（タタラや鉱山の神を祭神とする）といえば、近江の日吉大社（大貴巳神《おおなむち》・大山咋神《おおやまくい》）と多賀大社（伊邪那岐神《いざなぎ》・伊邪那美神《いざなみ》）、美濃の南宮《なんぐう》大社（金山彦神《かねやまひこ》・金山姫神《かねやまひめ》）、尾張の真清田《ますみだ》神社（天火明神《あめのほあかり》）の四社です。

また、記紀神話に登場する神々の争いを参考にした場合、朝鮮や九州から近畿方面に東遷した鍛冶師が祀る神社とみられるのは、淡路の伊弉諾《いざなぎ》神宮（伊弉諾《いざなぎ》神・伊弉冉《いざなみ》神）、河内の磐船《いわふね》神社・石切劔箭《いしきりつるぎや》神社（饒速日《にぎはやひ》神）があります。

①大山咋《おおやまくい》神・大貴巳《おおなむち》神

大貴巳《おおなむち》神は全国各地の神社に祀られている鍛冶神で出雲系とみられ、出雲、播磨から古代の旦波《たにわ》地方（但馬・丹波・丹後を合わせた地域）を経て近江に進出し、日吉大社に祀られたとみられます。

大山咋《おおやまくい》神は金属・玉石の鉱床を探して諸国を渡り歩く山師の神で、大貴巳《おおなむち》神と組んで鉱山開発を行い、日吉大社に祀られたとみられます。

②伊邪那岐《いざなぎ》神・伊邪奈美《いざなみ》神（伊弉諾《いざなぎ》神・伊弉冉《いざなみ》神）

両神は磐余彦《いわれひこ》神（神武天皇）の祖先神とされ、近江の多賀大社だけではなく淡路の伊弉諾《いざなぎ》神宮にも祀られており、淡路から近江に進出したとみられます。

③金山彦《かねやまひこ》神・金山姫《かねやまひめ》神

両神は金属・玉石の鉱床を探して諸国を渡り歩く山師の神で、鍛冶族と組んで鉱山開発を行っていたとみられ、大山咋《おおやまくい》神とはライバル関係にあったのでしょう。

記紀によれば、磐余彦《いわれひこ》神（神武天皇）の東征を助けて金の鵄《しび》を飛ばしたというのですが、美《みま》作一宮《さかいちのみや》の中山神社《ちゅうざん》や吉備津彦の墓といわれる吉備《きび》の中山茶臼山古墳《ちゅうざんちゃうすやま》に関係があるといわれ、吉備から近江方面を経て美濃に進出し、南宮大社に祀られたとみられます。

④天火明神《あめのほあかり》

播磨国風土記によれば、鍛冶族である大貴巳神《おおなむち》の子ですが（記紀神話では瓊瓊杵神《にに ぎ》の兄、先代旧事本紀《くじほんぎ》では大貴巳神《おおなむち》の娘婿）、乱暴者だったので置き去りにして船を出立させたところ、これに怒って播磨の国を通過しようとした船を転覆させたというものです。播磨から河内、近江を経て尾張に進出し、真清田神社《ますみだ》（尾張一宮）に祀られたとみられます。

饒速日神《にぎはやひ》とは婚姻による交流があって親戚関係になっていたというのですから、記紀にいう長髄彦《ながすねひこ》と天火明神《あめのほあかり》は同一体であるとみることが可能です。

⑤磐余彦神《いわれひこ》（神武天皇）

記紀によれば、伊邪那岐神《いざなぎ》・伊邪奈美神《いざなみ》の末裔であり、九州から河内潟に東遷し大和の登美《とみ》にいた土豪の長髄彦《ながすねひこ》と激しく戦い敗れます。紀伊半島の熊野から再び進攻して勝利を得、大和の橿原神宮《かしはら》で神武天皇に即位したというのですが、淡路の伊弉諾神宮《いざなぎ》や近江の多賀大社との関係がなく、後段の話は創作の域をでません。

⑥饒速日神《にぎはやひ》

古代の大豪族である物部の祖先神とされ、磐余彦神《いわれひこ》よりも先に東遷しました。記紀によれば長髄彦《ながすねひこ》の妹と結婚しており、当初は長髄彦《ながすねひこ》と連合して磐余彦神《いわれひこ》と戦ったものの、それを裏切ったことにより磐余彦《いわれひこ》神が勝利したとみられます。

⑦長髄彦《ながすねひこ》

記紀によれば、饒速日《にぎはやひ》神とは義理の兄弟の関係にあったというのですが、神として扱われた形跡がありません。

鍛冶族である饒速日《にぎはやひ》神と磐余彦《いわれひこ》神が激しく戦ったというのであれば理解できるのですが、狩猟・漁労・採集・農耕を生業とする土豪の長髄彦《ながすねひこ》が、鍛冶族の磐余彦《いわれひこ》神と激しく戦う理由は見当たりません。実際に激しく戦ったのは鍛冶族の饒速日《にぎはやひ》神と磐余彦《いわれひこ》神であったものを、後に和解したことから記紀の著作者が遠慮し、長髄彦《ながすねひこ》を創作したとも取れます。

各地に伝わった神話を合わせてみれば、移住をして歩いた渡来系鍛冶族にはかなりの数の派閥系統があり、時々の事情や情勢に応じて合従連衡し、激しく争っていたことがわかります。これに考古学から学んだものを結び付けたとき、争いの元となったのは船載の鉄器・青銅器の優先入手であり、倭国内における金属・玉石鉱床の先占であり、ひいては豊富な森林資源の先占です。神話伝説をわかりやすく解説すれば、次のようになるでしょう。

①長髄彦《ながすねひこ》とは大和の登美にいた豪族だというのですが、その名前からして難波潟にあった長《なが》柄砂洲《らのさす》の根の辺りにいた豪族という意味で、実態は天火明《あめのほあかり》神と一体とみられます。

北九州から播磨、難波潟へと東遷し、瓜生堂《うりゅうどう》・亀井・鬼虎川《きとらがわ》の遺跡（東大阪市）の辺りに拠点を構え、東遷してきた饒速日《にぎはやひ》神と組んで磐余彦《いわれひこ》神を河内から一旦は撃退しました。金山彦《かねやまひこ》神の助力によって金属鉱床の豊富な近江に進出していたとき、磐余彦《いわれひこ》神・大貴巳《おおなむち》神の連合が近江へ進出したことによって再び戦ったものの、饒速日《にぎはやひ》神の裏切りによって敗れ、美濃から尾張に移ります。

その後、東海連合の首長から支援を得て再び美濃・近江に進出し、一進一退を続けていました。

②饒速日《にぎはやひ》神は北九州から東遷し、天火明《あめのほあかり》神と組んで河内に拠点を構えました
　磐余彦《いわれひこ》神が河内に進出してきたのでこれを撃退しますが、大貴巳《おおなむち》神・磐余彦《いわれひこ》神の連合が近江に進出したことによって戦いは不利となり、天火明《あめのほあかり》神を裏切ったとみられます。

③磐余彦《いわれひこ》神は後れて東遷し（一世紀中葉の頃）、簡単には敵から侵略されない淡路島を拠点に選びます（兵庫県淡路市の五斗長垣内《ごっさかいと》遺跡）。
　河内に進出しようとして天火明《あめのほあかり》神・饒速日《にぎはやひ》神の連合と戦って敗れた後、近江進出では大貴巳《おおなむち》神と組んで天火明《あめのほあかり》神・饒速日《にぎはやひ》神の連合と戦い、金山彦《かねやまひこ》神・饒速日《にぎはやひ》神を味方に引き入れて勝利を得たとみられます

④大貴巳《おおなむち》神は大山咋《おおやまくい》神の助力によって近江に進出したとき、天火明《あめのほあかり》神・饒速日《にぎはやひ》神の連合との争いが始まり、磐余彦《いわれひこ》神と組んで勝利を得、東国に進出したとみられます。

記紀神話における倭国大乱とみられる争乱の記述は、八世紀のヤマト朝廷が書いたものですから争乱は簡略化されていますが、真相はかなり複雑な争いであったとみられます。しかも、彼らは弁韓や辰韓からの渡来系鍛冶族とみられるので、争いは渡来前から続いていたと考えられます。『魏志』韓伝に「国（弁辰の国々）は鉄を出し、韓《かん》・濊《かい》・倭皆《みな》従いて之《これ》を取る」とありますが、倭国の争乱をみれば平和裏に取っていたとは思えません。

したがって、神話とはいえ倭国の統一に至る争乱の一部を表したものとみることが可能で、真相は鍛冶族が近畿や東日本にある金属・玉石の鉱床を先占するため、囲い込みに動いたときの争いであったとみられ、卑弥呼の時代の主要な戦場は近江と美濃でしょう。もっとも、倭国における鍛冶族の対立は、各地に高地性・環濠の集落ができたときからあったことは明らかです。

以上の点から想定される邪馬壹国の所在地は近江に、狗奴国は邪馬壹国の東方に位置するので尾張にあって、美濃は両者の紛争地域とみられます。この地域は揖斐川・長良川・木曽川の三川を有する水の国であり、美濃（水野《みの》）の語源ともなりました。また、東山道と東海道の結節地域でもあって、近江に並ぶ水運と陸運の要衝地です。

この地域では伊勢湾↓熊野灘↓瀬戸内海のルートを使うより、琵琶湖↓瀬戸内海あるいは若狭湾↓日本海のルートを使う方が便利であることは明らかです。中でも重要なのは、距離が短く比較的波の静かな日本海ルートです。

記紀にみる邪馬壹国と卑弥呼の扱い

中国の史書にある邪馬壹国や卑弥呼を記紀が取り上げていないことから、歴史から消されたあるいは無視したという主張が数多くみられます。八世紀のヤマト朝廷が中国の史書を知らないはずはないので、そのことをどう考えていたのか検討してみます。手がかりの一つは、隋書《ずい》倭国伝にあります。

「開皇《かいこう》二十年（六〇〇年）、倭王の姓は阿毎《あめ》（天）、字《あざな》は多利思比孤《たらしひこ》（帯彦）、号して阿輩雞弥《おおきみ》（大王）という。使いを遣《つか》わして闕《けつ》（都の大興城）に詣《いたら》しむ。上《じょう》（隋の文帝）、所司《しょし》（外交担当の役人）をして其《そ》の風俗を訪《たず》ね令《し》む。

使者言う、『倭王は天を以《もっ》て兄と為《な》し、日を以て弟と為《な》す。天未《いま》だ明けざる時、出《い》でて跏趺《かふ》して（あぐらを組んで）坐《ざ》し、政《まつりごと》を聴く。日出《い》ずれば便《すなわ》ち理務《りむ》を停《とど》め（政務を止め）、我が弟に委《ゆだ》ねんと云う』

高祖《こうそ》（文帝）曰《いわ》く、『此《こ》れ太《はなは》だ義理（道理）無し』と。是《ここ》に於《お》いて訓《さと》して之《これ》を改め令《し》む」

記紀にはありませんが六〇〇年の推古女王のとき、摂政であった聖徳太子が遣隋使を初めて派遣したとみられます。そのとき使者が、倭国では祭事を行う天兄《てんけい》と政事を行う日弟《にってい》の二人が協力し（祭政を一致して）、国を統治していると文帝に答えたことがわかります。

これは前に述べた祭政一致による統治制度であり、弥生時代から続くものです。しかし、文帝は道理がないといってこれを一人に改めさせたとなっています。つまり、倭国の王は兄弟二人制であったものを、一人の天皇制に改めたことをいっているのです。

倭国は中国への朝貢による冊封体制から離れて自立するため、律令国家の構築をめざしていたときですから、このことを国史に書き遺すわけにはいきません。しかし、改めたことは事実ですから、結果的には文帝の忠告を受け入れたことになります。

さらに、国名を日本と改めて律令国家にまい進していたとき、六六三年の白村江の戦いで大敗し、国家再建の仕上げ段階に入っていたのが奈良時代となります。この時代の知識人にとって、「漢委奴国王《かんのいのぬの》」や「親魏《しんぎ》倭王」といった印綬に関する弥生時代の倭国朝貢の歴史、あるいは兄弟・姉弟二人の王による祭政一致の制度をそのまま取り上げることは、プライドが許さなかったのでしょう。こうしたことは日本に限らず、歴代の中国帝国によって侵略され、その冊封体制に組み込まれたアジアの諸国に共通するものです。

しかし、邪馬壹国連合を六〇年以上も支え続けた卑弥呼女王のことを全く無視して国史をつくるわけにもいきません。そこで、シャーマンである天兄や天姉に関する逸話を神話に昇華させる必要があったと考えられ、編者らの苦心惨憺の跡が窺えるのではないでしょうか。

偉大な祖先は死ぬと神になり、子孫が祭祀を欠かさなければ守護してくれるのです。先にみた神々の争いとは、生きた人間の争いが元になっていたことは疑いようがありません。つまり、八百万の神々とは多くの人々の祖先に他ならないのです。

卑弥呼女王の歴史的事実は、倭国統一にとって弥生時代における最大の功績者とみられますが、そのことは神功《じんぐう》皇后関係の記載に止まるのでしょうか。記紀による神々の系譜にはあまりにも問題があることは承知していますが、全てが創作だとも思えません。

例えば、天照大神には月読《つくよみ》神と須佐之男《すさのお》神という二人の弟神がおり、須佐之男神は乱暴者なので親が天上界から追放したという話があります。この話はさきにみた天火明《あめのほあかり》神とよく似ていますが、倭国大乱のときであれば天火明神と須佐之男神は、鍛冶族を率いて勇敢に戦っていた武人の長とみられます。

しかし、各国の協議による和解の場には邪魔な存在となりますから、置き去りや母国である朝鮮（別書では出雲）に追放したのでしょう。しかし、須佐之男神は旦波《たにわ》系のライバルである出雲系に戻るのですから、悪役としての立ち回りは相当なものですが、同時に出雲系が邪馬壹国連合には入っていなかったことを示しています。

そこで、須佐之男神に代わって月読神が天照大神を助けていたとみられますが、その話は『魏志』にいう「男弟《だんてい》有りて国（女王国であった邪馬壹国）を佐《たす》け治む」という記述と同じであり、男弟とは男弟王《おと》（政事を担う王）のことですから、国の権力者がシャーマンの姉と政事を担う弟の二人制であったということです。

おわりに

本書の執筆は当初順調に進んでいたのですが、大倭王・大倭と邪馬台国・邪馬壹国の読み方と解釈に差し掛かったところで悩みに悩み、筆が止まりました。そのとき、読者の方から前著書に対するご質問をいただき、急きょ頭を切り替えてその回答文をつくりあげたのです。

それから一カ月ほど経った朝方、浅い眠りのなかに誰かがすうと近づいてきました。「どちらさんですか？」とたずねると、名前もいわずに難問の解答をすらすらと話して去って行ったのです。思わず「そうだったのですか！」と大きな声を上げてしまい、寝ていた妻が目を覚まし驚いていました。

ともあれ、読者の方から貴重な情報提供や質問をいただくことは、執筆者にとってやる気を出す力となるありがたいものです。『古代東北の城柵と北斗七星の祭祀』（二〇一二年、無明舎出版）に関する先の質問と見解を、参考までにお示しすることとします。

問一　和銅黒谷《わどうくろたに》にみられる神社の配置は、北斗七星と北極星の星座状になっているのではないか。

埼玉県秩父市にある和銅黒谷は、七〇八年に武蔵国がここから取った銅を朝廷に献上し、和同開弥の銭貨を作ったことから、元号が和銅と改元されたことで有名な所です。この黒谷鉱山の西側を流れる荒川の谷間に沿って多くの神社があり、仮にそれが事実であるとすれば、七二四年に完成したとされる多賀城よりも古いということになります。

秩父の始まりは、崇神《すじん》大王の時代に知々夫命《ちちぶのみこと》が国造に任命されたときからで、命は金山《かねやま》彦《ひこ》神を祀る美濃《みの》国南宮《なんぐう》大社から来たので銅山の主峰は蓑山《みのやま》となり、地名も皆野《みなの》（元読みはミノとみられる）となったという伝説があります。しかし、国造制度は早くても五世紀末の雄略《ゆうりゃく》大王の時代からであって時代はかなり下るとみられます。

①六～七世紀前半の古墳
太田部古墳群（秩父市）、金崎古墳群・大塚古墳・柳瀬古墳群（以上皆野町）

②七世紀後半～八世紀初頭の古墳
飯塚招木古墳群・大野原古墳群・弧塚古墳（以上秩父市）、お塚古墳・小鹿塚古墳（以上小鹿野町）

③東北地方にみられる鍛冶族エミシの居住地名と同名である太田（大系エミシ）・荒川（荒系エミシ）の地名があること。例えば本邦初産金の地である陸奥国小田郡の黄金迫《こがねはさま》に山太田・谷地太田、その一〇キロ東にある七六〇年完成の桃生《ものう》城の北側にも産金の太田の地名があり、産金の始まりはいずれも大系のエミシによるものであったとみられること。

こうした点から想定されるのは、和銅黒谷では七世紀の中葉に銅鉱石の採掘がエミシ系からヤマト系に変わったのではないか、つまり渡来人を移住させてエミシ系を追い出したのではないでしょうか。その後鉱山で事故か災害があったとき、エミシの祟りと判断した朝廷が陰陽師《おんみょうじ》を派遣し、星座の結界を張って祭壇に神社を配置したとみられ、その配置は次のようになると解されます。

北斗七星　①聖《ひじり》神社（黒谷の北西側）　②尺度神社
　③丹生《にう》神社　④諏訪神社
　⑤八幡宮　⑥大山祇《おおやまづみ》神社（大野原駅の北東側）
　⑦秩父神社
北極星　聖神社（黒谷の南東側）

律令制時代において地方に陰陽師が配置されていたのは、九州の大宰府《だざいふ》と陸奥《むつ》国・出羽《でわ》国の軍事を所管した鎮守府《ちんじゅふ》ですが、陸奥国の場合は追い出したエミシを近づけないようにするため、出羽《でわ》国の場合は地震・津波・鳥海山の噴火など自然災害が相次いだため、神の怒りを鎮めることにあったとみられます。言い方を変えれば、護符を貼って守護神としたものでしょう。他の地域にもそうした遺跡があるかもしれません。

問二　陸奥国の多賀城をはじめとする七城に配置された祭壇（星座）の配置は、最も大きなもので約一五キロの長さにもなるが、どうやって測量をしたのか。

藤原京や平城京を造った技術者の中には陰陽師もいるのです。測量ができなかったのではないかとの考えを捨てる必要があります。律令制になってから地方に造られた城柵などの官《かん》衙《が》は、それ以前に造られたものと違って確実に南向きとなっています。

それが可能となったのは、夜間の星の観測にあるのです。その方法を想定してみましょう。なお、城柵は防御のため周辺の樹木を全て伐採し、見通しを良くしていたとみられます。

建物を建てる基準地に棒杭を立て、夜間北極星の方向にも棒杭を立てて二本の棒杭を結べば南北軸となります。次はこの軸に曲り尺を当て、九十度で交わる線を見立てます。東西に二本の棒杭を立てて結べば東西軸となります。

次は、昼間この地から遠方に見える四方の山の峰々の形を紙か板に書き、両軸の延長線に当たる峰に印を付けて南北と東西の軸を定めます。

城を建築する予定地の周辺の地形をみてから、どの季節の北斗七星座が合うのか本に書かれた図をみながら形を決め、概ねの大きさ（縮尺）を定めて設計図を書きます。ただし、その形は天帝が上から下の星を見たようにする、つまり人が地上から見た形の左右反対となりますから、鏡に星座を映したのと同じ形となります。

設計図に合わせて星の一つを基準地として現地に下ろし、次の星の方向に合わせて歩き（遠方の山の峰をみて方向軸を頼りに進み）、歩数で距離を確認（人体尺）して下ろすことを繰り返し、一つずつ星を定めていきます。ただし、谷間の場合は方向軸の山の峰が見えないので、形が多少崩れても近くの尾根筋や丘陵の頂に移動させたと考えられます。

平成二六年一一月

千城　央

■参考文献

明石　茂生　二〇一一年　「古代帝国における国家と市場の制度的補完性について(2)漢帝国」成城・経済研究第一九三号　風媒社
赤塚　次郎　二〇〇九年　「幻の王国・狗奴国を旅する」　風媒社
足立　倫行　二〇一〇年　「激変！日本古代史」　朝日選書
網野善彦外　二〇一〇年　「馬・船・常民」　講談社学術文庫
石川日出志　二〇一二年　「農耕社会の成立」　岩波新書
井上　秀雄　二〇一二年　「古代朝鮮」　講談社学術文庫
井上　光貞　二〇〇〇年　「日本国家の起源」　岩波書店
岩永　省三　二〇一〇年　「弥生時代における首長層の成長と墳丘墓の発達」
岩堀　利樹　二〇一〇年　「正史三国志　完全版」　文芸社
上田　正昭　二〇一〇年　「大和朝廷」　講談社学術文庫
宇治谷　孟　二〇一二年　「日本書紀」　講談社学術文庫
梅原　猛　二〇一〇年　「葬られた王朝」　新潮社
会下　和宏　二〇〇六年　「弥生時代の鉄剣・鉄刀について」日本考古学第二三号
大林太良外　二〇〇九年　「東アジア民族の興亡」　日本経済新聞社
大和　岩雄　二〇〇〇年　「新邪馬台国論　女王の都は二ヵ所あった」　大和書房
小和田哲男　一九六九年　「日本の歴史がわかる」　三笠書房
小山　浩和　二〇〇九年　「山陰地方における弥生時代の玉作」
貝塚　茂樹　一九六八年　「世界の歴史　一」　中央公論者
加藤　徹　二〇〇八年　「弥生時代における鋳造鉄斧の流通について」
門脇　禎二　二〇一二年　「葛城と古代国家」　講談社学術文庫
金光　泰観　二〇一四年　「お墓の歴史」
鎌田東二外　二〇一一年　「日本のまつろわぬ神々」　新人物往来社
川勝　義雄　二〇一一年　「魏晋南北朝」　講談社学術文庫
河合　忍　二〇一四年　「弥生・古墳時代の洪水痕跡が語りかけるもの」
北九州市芸術文化振興財団　二〇一四年　「城野遺跡」

岐　阜　県　二〇一四年「弥生時代の遺跡リスト」
窪田　徳郎　二〇〇九年「鉄から読む日本の歴史」講談社学術文庫
倉野　憲司　二〇一三年「古事記」岩波書店
国立歴史民俗博物館　二〇〇〇年「倭人をとりまく世界」山川出版社
後藤　聡一　二〇一〇年「邪馬台国近江説」サンライズ出版
小路田泰直　二〇一二年「邪馬台国と鉄の道」洋泉社
佐藤　寛　二〇〇一年「古代史論争　歴史大辞典」新人物往来社
佐藤洋一郎　一九九六年「DNAが語る稲作文明」日本放送出版協会
阪下　圭八　二〇〇四年「日本神話入門」岩波ジュニア新書
滋賀県文化財保護課　二〇一四年「湖底遺跡」
滋賀県文化財保護協会　一九九六年「紀要　第九号」
司馬遼太郎外　一九八一年「人物中国の歴史　三」外　集英社
島　根　県　二〇一四年　収蔵品ガイド
白川　静　二〇一一年「中国古代の文化」講談社学術文庫
二〇一一年「新訂　字訓」平凡社
関　和彦　二〇〇七年「古代出雲への旅」中公新書
関　裕二　二〇〇〇年「謎とき古代日本列島」講談社
高久　健二　二〇一二年「楽浪郡と三韓の交易システムの形成」
瀧音　能之　二〇〇六年「古事記と日本書紀」青春出版社
田端宏一外　二〇〇七年外「北海道の歴史」外　山川出版社
都出比呂志　二〇一一年「古代国家はいつ成立したか」岩波新書
寺島　薫　二〇一二年「王権誕生」講談社学術文庫
藤堂　明保　二〇〇七年「漢字の起源」講談社学術文庫
鳥　取　県　二〇〇三年「四隅突出型墳丘墓」
藤堂明保外　二〇一二年「倭国伝」講談社学術文庫
豊田　有恒　二〇〇六年「歴史から消された邪馬台国の謎」青春出版社

鳥越憲三郎　一九九二年「古代朝鮮と倭族」一九九四年「弥生の王国」中公新書
直木幸次郎　二〇一一年「日本古代国家の成立」講談社学術文庫
中村　智孝　一九九六年「近江における玉造りをめぐって」紀要第九号
長　野　市　二〇一四年「長野市文化財データベース」
奈良　教大　二〇一三年「鉄の歴史」
西嶋　定生　二〇一一年「邪馬台国と倭国」吉川弘文館
野島　　永　二〇〇四年「弥生時代後期から古墳時代初頭における鉄製武器をめぐって」
　　　　　　二〇〇五年「鉄から見た弥生・古墳時代の日本海交流」
　　　　　　二〇〇六年「弥生時代における鉄器保有の一様相」
　　　　　　二〇〇八年「弥生・古墳時代における鉄器文化」
肥後　弘幸　二〇一〇年「方形貼石墓概論」京都府埋蔵文化財論集　第六集
日立　金属　二〇一四年「たたらの話」
広瀬　和雄　二〇〇七年「考古学の基礎知識」角川学芸出版
福　井　県　二〇一四年「福井県史　通史編一　原始・古代」
福永　伸哉　二〇〇八年「大阪平野における三世紀の首長墓と地域関係」
藤井　勝彦　二〇一二年「邪馬台国」新紀元社
藤原　　哲　二〇一一年「弥生社会における環濠集落の成立と展開」
古田　武彦　一九七三年「失われた九州王朝」朝日新聞社
松前　　健　二〇〇四年「日本の神々」中公新書
松本岩雄外　二〇〇四年「弥生時代前・中期の玉と玉作」
三橋　　健　二〇一一年「伊勢神宮と出雲大社」ＰＨＰ
水野正好外　二〇一〇年「邪馬台国」雄山閣
村上　　隆　二〇〇七年「金・銀・銅の日本史」岩波新書
森　　浩一　二〇一〇年「倭人伝を読み直す」ちくま新書
安田　善憲　二〇〇八年「男鹿・一ノ目潟地層分析」
安田　喜憲　二〇〇三年「古代日本のルーツ　長江文明の謎」青春出版社

■著者略歴

千城　央（ちぎ・ひさし）
本名佐藤明男（さとう・あきお）。1946年宮城県生まれ。1969年山形大学文理学部文学科卒業。著書に『ゆりかごのヤマト王朝』（本の森）、『新版・ゆりかごのヤマト王朝』（無明舎出版）、『古代東北の城柵と北斗七星の祭祀』（無明舎出版）、『エミシとヤマト』（河北新報出版センター）など。宮城県多賀城市在住。

近江《おうみ》にいた弥生《やよい》の大倭王《おおいちおう》
水穂《みずほ》伝来から邪馬台国まで　　別冊淡海《おうみ》文庫23

2014年11月10日　第1刷発行　　N.D.C.210

著　者　千城　央

発行者　岩根　順子

発行所　サンライズ出版株式会社
〒522-0004 滋賀県彦根市鳥居本町655-1
電話 0749-22-0627

印刷・製本　サンライズ出版

ISBN978-4-88325-179-7　Printed in Japan　定価はカバーに表示しています。

淡海文庫について

「近江」とは大和の都に近い大きな淡水の海という意味の「近（ちかつ）淡海」から転化したもので、その名称は「古事記」にみられます。今、私たちの住むこの土地の文化を語るとき、「近江」でなく、「淡海」の文化を考えようとする機運があります。

これは、まさに滋賀の熱きメッセージを自分の言葉で語りかけようとするものであると思います。

豊かな自然の中での生活、先人たちが築いてきた質の高い伝統や文化を、今の時代に生きるわたしたちの言葉で語り、新しい価値を生み出し、次の世代へ引き継いでいくことを目指し、感動を形に、そして、さらに新たな感動を創りだしていくことを目的として「淡海文庫」の刊行を企画しました。

自然の恵みに感謝し、築き上げられてきた歴史や伝統文化をみつめつつ、今日の湖国を考え、新しい明日の文化を創るための展開が生まれることを願って一冊一冊を丹念に編んでいきたいと思います。

一九九四年四月一日